AF211015

Dating macht irre

Erkenntnisse eines allein erziehenden Vaters

Kristian Blitz

Erste Auflage 2007

© 2007 Dr. Hans-R. Hahnel
Herstellung und Verlag: Books on Demand GmbH,
Norderstedt

ISBN: 9 783837 01 2996

Bibliografische Information der Deutschen Nationalbibliothek
Die Deutsche Nationalbibliothek verzeichnet diese
Publikation in der Deutschen Nationalbibliografie; detaillierte
bibliografische Daten sind im Internet über http://dnb.d-nb.de
abrufbar.

Über den Autor:

Kristian Blitz steht in der Blüte seines Lebens und weiß aus eigener Erfahrung wovon er spricht und schreibt.

Er gibt aus erster Hand einen faszinierenden Einblick hinter die Kulissen der Welt eines allein erziehenden Vaters auf der Suche nach der Traumfrau.

Ansonsten arbeitet er in beratender Tätigkeit in einem Weltkonzern und lebt zur Zeit zurückgezogen in einem netten Haus am Stadtrand einer Weltmetropole, um sich von den Erlebnissen zu erholen.

Gewidmet dem doppelten C

Inhalt

Post vom Anwalt

Andreas bekam Post.

Isabells Anwalt hatte an das Gericht geschrieben. Oben auf der ersten Seite stand sein Name und daneben in kursiv und in Fettschrift das Wort *Gegner*.

„Ach du meine Güte", dachte Andreas. „Das bin ja ich."

Und dann glaubte er, seinen Augen nicht zu trauen.

Das Schriftstück umfasste 28 Seiten mit einem detaillierten Psychogramm über ihn. Er sollte ihr auch Geld geben.

Andreas entrüstete sich und fragte sich, woher sich dieser Mensch die Freiheit nimmt, hier herumzuphantasieren.

Er las den Brief genau durch und dachte nach.

„Der Anwalt ist doch nicht ganz richtig im Kopf. Das hat der doch vom Internet heruntergeladen... Na klar, der Typ hatte irgendetwas aus dem Internet heruntergeladen und dann in den Brief hinein kopiert. Die Beschreibungen von irgendeinem Schwerverbrecher. So eine Dreistigkeit. Und wie kam der überhaupt auf die Idee, ihn zu kennen. Sie hatten sich doch noch nie gesehen oder getroffen."

Er legte den Brief beiseite.

„Das muss vielleicht ein Spinner sein. So etwas macht einem normalerweise Angst."

Dazu hatte er aber jetzt aber keine Zeit. Er musste kochen lernen.

Am Abend setzte sich er sich an den Computer und schrieb:

Hohes Gericht.
Der Anwalt der gegnerischen Seite hat ein umfangreiches Schriftstück über mich und meine Ehe verfasst. Dabei kenne ich den Herrn gar nicht, geschweige denn kann ich mich erinnern, mit ihm zusammengelebt oder vielleicht sogar verheiratet gewesen zu sein.
Hier muss es sich um ein Missverständnis handeln oder um einen dummen Scherz. Dabei sollte man vor Gericht doch ernst und sachlich sein.
Den Unterhalt für Isabell werde ich auch nicht überweisen.
Sie ist gesund, und soll mal arbeiten gehen. Um zu sehen, wie das ist: Arbeiten gehen.
Außerdem hat sie ja genug Geld geerbt und noch einen ganzen Haufen mitgenommen.

Er unterzeichnete der Ordnung halber mit:

Hochachtungsvoll
Der Gegner

Leer und übersichtlich

Der Rest der Woche verging ohne große Höhepunkte.
Nach vielen Jahren Trubel und Heiterkeit war er nun allein. Isabell und das doppelte C, Cornelius und Constantin waren ausgezogen. Die Möbel waren auch ausgezogen. Außer die Musikinstrumente. Musik hatte Isabell noch nie richtig gemocht.
Jetzt sah das Haus viel größer und übersichtlicher aus. Irgendwie aber auch nicht mehr besonders einladend. So leer, ohne Möbel. Keine Teppiche. Auch die Kinderzimmer waren leergeräumt. Constantin und Cornelius, das doppelte C, waren mit ausgezogen. Wenn man etwas sagte, hallte es.
Andreas rief mehrmals mit tiefer Stimme.
„Hallo… , hallo… , hallo… , da bin ich."
Der leere hohle Klang war unheimlich.

Dann machte er sich an die Arbeit. „Ich schaue jetzt erst mal, was ich behalten möchte", dachte er.
Aber es war so gut wie nichts mehr da. „Nehme mit, was du brauchen kannst", hatte er Isabell gesagt. Das war zwar präzise gesagt, aber nicht bis zu Ende gedacht. Frauen und Männer konnten ja noch nie richtig kommunizieren. Hier zeigte es sich besonders deutlich.

So stand Andreas nun alleine in der Küche und machte die Schublade auf.
Der Inhalt war übersichtlich. Drei Gabeln, drei Messer, drei Esslöffel und drei Kaffeelöffel.

„Ein Bestecksatz mit drei Teilen, so ein Schwachsinn", murmelte er vor sich hin.

Beim Geschirr im Schrank verhielt es sich vollkommen anders. Ohne jegliche Logik. Zwei Teller aber dafür vier Tassen. Darüber wollte er später nachdenken.

Das Besteck und das Geschirr wollte er auf jeden Fall behalten. Ebenso, das Doppelbett, auf dem nur noch eine Matratze lag, einen alten Schrank und 6 Stühle. Hinzu kamen noch einmal zusätzlich fünf Teelöffel, die er hinter der Heizung im ehemaligen Kinderzimmer fand. In den anderen Zimmern lagen noch verstreut alte Sachen herum, die stopfte er in einen Sack. Das war nur noch Müll. Isabell hatte es wohl genauso gesehen. Den musste man wirklich nicht mitnehmen.

Das eigentlich Wertvollste, was ihm geblieben war, waren seine treuen Freunde. Zum Beispiel Tommy. Tommy war gerade beim Angeln gewesen und stand nun unerwartet mit matschigen Schuhen vor der Tür.

„Komm rein", sagte Andreas. „Ich räume gerade auf.

Tommy schaute sich um. „Was denn? Ich sehe ja gar nichts. Vorhänge wären vielleicht nicht schlecht. Da kann ja jeder hineinsehen."

Andreas sagte nichts und ging zurück in die Küche.

„Kopf hoch. Wer hat schon die Chance auf ein zweites Leben", ermunterte ihn Tommy. „Lasse uns erst mal anstoßen. Wo ist ein Flaschenöffner?"

„Ausgezogen. Alles ist ausgezogen", seufzte Andreas. Sie öffneten das Bier mit dem Feuerzeug.

„Auf mein neues Leben", sagte Andreas.

„Auf dein neues Leben", erwiderte Tommy.

Dann nahmen sie das Telefonbuch und suchten gemeinsam einen Anwalt.

Andreas kreuzte gleich den Ersten oben an.

Später am Abend trugen sie völlig angedudelt die Säcke hinaus in die kalte Winternacht. Wie zwei Verbündete, die auf Schritt uns Tritt den Unbillen des Lebens trotzen.

Am nächsten Tag nahm Andreas Urlaub und beschloss Vorhänge zu kaufen. Tommy hatte Recht. Jeder konnte hineinsehen. Andreas wollte auch nicht, dass die Nachbarn ins Haus schauen können und sehen, wie er einsam am Tisch sitzt, Bier aus der Flasche trinkt und über das Leben nachdenkt.

Die denken dann sicher: „Was ist nur aus dem geworden. So kann es einem gehen, wenn man sich trennt."

Und so hatten Vorhänge erste Priorität.

Aber als Mann Vorhänge kaufen? Er fuhr zum nächsten Laden.

Das Pärchen neben ihm hatte keine Schwierigkeiten bei der Wahl. Zwei Männer, die die Stoffe streichelten und entzückt dreinblickten.

Andreas stand nur da und die Ballen sahen für ihn irgendwie alle gleich aus.

„Nehmen sie etwas Mediterranes", sagte die Verkäuferin.

Er klemmte zwei mediterrane Ballen unter den Arm und fuhr sie zum Schneider.

Die Vorhänge hingen nach einer Woche im Haus. Nicht nur sein Leben stand mittlerweile Kopf. Auch die neuen Vorhänge hingen verkehrt herum im Haus, aber das merkte man nicht, denn sie Blüten zeichneten sich nur ganz schwach ab.

Der Schneider war schon etwas älter und sah nicht mehr so gut. So fielen die Blumen jetzt eben vom Himmel. Alles eine Frage der Definition.

„Verkehrte Welt", dachte Andreas.

Die Nähte waren aber sehr gerade und äußerst präzise genäht.

So konnte der Winter kommen. Es kam aber nicht nur der Winter. Es kam aber auch noch anders. Sehr schnell sogar.

Modernes Dating

Man merkte, dass es langsam wärmer wurde. Das Frühjahr stand vor der Tür und Andreas dachte daran, wie schön es wieder wäre auch einen Erwachsenen um sich zu haben. Eine nette Partnerin, die mal mit ihm eine Flasche Wein trinkt und was eben noch dazu gehört. Sein Freund Marco schwärmte zur Zeit ständig von seiner neuen Bekanntschaft. Eine Internetbekanntschaft. Sie hieß *XZ_HH44*. Er kannte nur ihr Bild. Ein blonder Traum auf einem roten Plüschkissen. Sie hielt ein Cocktailglas. Dem Fotografen zuzwinkernd. So als ob sie sagen wolle: „Was haben wir schon alles erlebt, du kleiner Schlingel." Aber dem war nicht so. Marco und *XZ_HH44*schrieben sich. Täglich, immer länger, immer heißer. Sie trug französische Dessous. Das ist es, dachte er. Das Internet. Technologisch auf der Höhe der Zeit sein.

Auf dem Bildschirm stand groß als Überschrift *Quicklove*, darunter küsste eine bildhübsche Frau einen bildhübschen Adonis. Das Wort Börse klang befremdlich. Singles werden gehandelt. Je nach Wert und wie an der richtigen Börse.
Aber hier musste man nichts kaufen und man brauchte sich nur anzumelden, um einen Traumpartner zu finden. So stand es zumindest da und der Besucher der Seite wurde aufgefordert loszulegen. Andreas drückte auf den Knopf und musste sich einen Nicknamen ausdenken. Nur nichts falsch machen. Er tippte: Amor. Amor war aber schon vergeben. Es gab 112 durchnummerierte Amors. *Amor1* bis *Amor112*. Dazu

kamen noch einmal 31 mit Unterstrich. *Amor_1* bis *Amor_31*. Andreas wollte nicht *Amor113* oder *Amor_32* sein und versuchte es erneut mit SterbenderSchwan. Aber das klang vielleicht zu trostlos. Es muss etwas Peppiges sein, denn später sollte seine Neue sagen können, dass sie sich schon in seinen Nickname verliebt hatte. Er nannte sich *FLOTTERPETER1968*.

Jetzt war er ein anderer Mensch. Digitalisiert.

Nun war er *FLOTTERPETER1968*. 1968 war das Geburtsjahr. Geschummelt. Er war an und für sich 1966 geboren, aber im Internet wird immer geschummelt, dachte er sich. Zum Beispiel bei den Preisen. Der Endbetrag ist oft verschlüsselt und nicht gleich ersichtlich.

Damit die Damen wissen, mit wem sie es zu tun haben, sollte er jetzt fünfundsiebzig Fragen beantworten. Er beschloss, vorerst vier Fragen zu beantworten.

- Wie sollte Ihre Traumpartnerin sein?
- Mögen Sie Tiere`?
- Was würden Sie an der Welt verändern?
- Frühstücken Sie?

Bei der Frage nach der Traumpartnerin wollte er erst schreiben: „Wie Isabell" aber er hatte mal gelesen, es sei nicht gut den Namen der Exfrau zu erwähnen und so schrieb er: Treu.

Bei der Frage „Mögen Sie Tiere?" schrieb er, dass er Delfine gerne mag, aber kleinere Tiere nicht so, außer Gambas in Öl mit Knoblauchbrot,

Die dritte Frage nach der Änderung der Welt, das war

eine Frage für ihn. Da wusste er Bescheid und hätte am liebsten ganze Romane geschrieben, aber das wollte er seiner Neuen ja dann später erzählen. So schrieb er nur, dass es praktisch wäre, wenn sich die Erde langsamer drehen würde, denn dann hätte man abends mehr Zeit um einen Wein zu trinken oder sich gegenseitig den Rücken zu massieren.

Beim Frühstück schrieb er: Ja, aber keinen rohen Fisch.

Ein Bild von sich konnte er auch hoch laden. Er nahm das Bild, wie er am Beachvolleyballturnier teilgenommen hatte. Mitten im Flug hatten sie ihn geknipst, denn da sah er ungemein sportlich aus.

Jetzt konnte es losgehen. Der Suchvorgang war ihm geläufig, denn sein Auto hatte er auch so gefunden. Alter, Laufleistung und Typ.

Er entschied sich gleich für das erste Modell. *SCHWEBENDERSTERN HH* und schrieb sie an.

Hallo schwebender Stern
Lasse mich dergleichen für dich vom Himmel holen.
FlotterPeter1968

Noch am selben Abend kam eine Antwort.

Sie verriet ihm ihren Namen: Susanne. Sie fand ihn knuffig bekam ihre Telefonnummer um sich zu verabreden. Er sah das als absoluten Vertrauensbeweis, in dieser anonymen Welt. Marco musste *XZ HH44* noch immer *XZ HH44* anschreiben. Und Andreas hatte schon sein erstes Date.

Am nächsten Abend saß an dem reservierten Tisch,

wartete auf den schwebenden Stern Susanne und hätte sie gar nicht erkannt. Aber dann sprach sie ihn an und versicherte ihm, dass sie die Susanne aus dem Internet sei. Sie sah vollkommen anders aus und meinte, das Foto auf Ihrer Seite hatte sie aus dem Internet heruntergeladen, da es ihr typmäßig ähnlich zu sein. Zumindest hatte sie eine ähnliche Brille auf, fiel Andreas auf, empfand den Rest aber als völlig anders und verabschiedete sich freundlich aber bestimmt, um darüber nachzudenken.

Telefon für Sie

Andreas konnte nachts kaum noch schlafen und saß völlig übermüdet im Büro.
Auf seinem Tisch lagen Zeitschriften, die ihm seine Sekretärin mitgebracht hatte. Mit der entsprechenden Erklärung:
„Jetzt wo du ja neu beginnen musst, ist es vielleicht gut, wenn du weißt, wie Frauen denken und leben wollen. Steht alles hier drinnen."

„Damit hätte ich mich mal vorher befassen sollen", dachte er, gähnte erst einmal und nahm dann die oberste Zeitung vom Stapel.
Cosmopolinatana, stand oben auf der Titelseite.
Darunter stand: „Eine Zeitung für die moderne Frau."
Die Schrift war hübsch. Große silberne Buchstaben bedeckten das Titelblatt. *Cosmopolinatana*, ein hübscher Name, ganz für Frauen.
Willkürlich schlug er das Blatt auf.
Es war eine Rubrik mit der Überschrift: Wissen.
Darunter stand: Sie fragen, Experten antworten.
Eine Ramona aus Berlin fragte gleich oben: „Wie viele Liebhaber verkraftet eine intakte Beziehung."
„So ein Käseblatt", dachte Andreas, und schlug die Zeitung zu.

Die nächste Zeitung schien etwas lebensnaher zu sein.
Auf der Titelseite sah man mehrere Königspaare.
Daneben stand: frische Rezeptideen für den Winter.
Eine typische Frauenzeitschrift. Er schlug willkürlich

eine Seite auf. Links befand sich ein Bratenrezept. Der Braten sah appetitlich aus. Andreas erinnerte sich an früher. Hier waren die Kartoffeln symmetrisch auf dem Teller drapiert und die Soße hatte einen gelblichen Stich.

„Wahrscheinlich Meerrettich", dachte Andreas.

Darunter war ein Bild von einer jungen netten Hausfrau, die einen Kochlöffel hoch hielt, und in die Kamera lächelte. In der Reportage fragte sie sich: „Soll ich meinen Seitensprung beichten?"

Andreas seufzte. Auch die nette Hausfrau hatte Probleme. Hier wurde wirklich für alle Lebenslagen informiert. Eine schwache Ahnung bezüglich der Gedankenwelt von Frauen machte sich bei ihm breit.

Aber da. Die Sekretärin las auch Anspruchsvolles. Es war ein Blatt, das schon auf den ersten Blick sehr seriös wirkte.

Die Seiten waren alle im Vierfarbdruck auf Hochglanzpapier gedruckt. Gleich die ersten Seiten handelten von Reisen in ferne Welten und die Bilder machten ihm Lust, den Rucksack zu packen und mit den abgebildeten Eseln ins Hochgebirge emporzusteigen.

Andreas blätterte weiter. Hunderte Grafiken übersäten die Seite. Oben Stand: Aktueller Lebensreport.

Er kniff die Augen zusammen und versuchte eine kleine Grafik zu entschlüsseln. Es waren mehrere Kurven abgebildet. Er entzifferte Buchstabe für Buchstabe.

S c h e i d u n g s r a t e

Die Kurve kletterte mühsam aber stetig. Aber auch der Weinverbrauch hatte zugenommen. Die ähnliche

Abbildung daneben zeigte es. Weinverbrauch pro Kopf. Dieser stieg im gleichen Masse.

Andreas lehnte sich zurück und seufzte laut. „Die besaufen sich alle nur noch, die Geschiedenen."

Das Telefon schrillte und entriss ihn aus den Gedanken.

Die Sekretärin stellte durch.

Es war Cornelius. Sechs Jahre alt. Klein, blond, frech.

„Papa, wann gibt es Essen?"

„Woher habt ihr meine Nummer?" Fragte Andreas.

„Von Tommy und jetzt haben wir Hunger", kam die Antwort.

„Weiß ich nicht, frag Mama", sagte Andreas und freute sich, mit seinem Sohn zu telefonieren. Der erste normale Mensch heute.

„Mama ist nicht da", kam es vom anderen Ende der Leitung. "Die brauchen wir auch nicht."

Andreas stutzte. Da stimmte doch irgendetwas nicht. Er fragte nach: „Wo bist du denn?"

„Zuhause."

„Zuhause? … Wie zu Hause?"

Cornelius trötete weiter: „Zuhause und der Tisch fehlt. Constantin ist auch da. Er sitzt auf dem Boden und macht Hausaufgaben."

„Du meine Güte, fasst nichts an", wies er seinen Sohn an. „Ich komme sofort."

Auf der Fahrt nach Hause erinnerte er sich, dass Tommy einen Zweitschlüssel für das Haus hatte. Die Jungs erinnerten sich wohl auch.

Die Haustür war offen. Cornelius stand vor der

sperrangelweit geöffneten Kühlschranktür.

„Noch nicht einmal Fischstäbchen gibt es hier."

Er schaute seinen Vater vorwurfsvoll an.

„Wovon soll man hier leben?" Ergänzte Constantin.

„Wir werden verhungern."

„Nö, das werdet ihr nicht", lachte Andreas.

Sie fuhren in die Stadt und speisten recht fein und ausgiebig a la carte. Wachteln mit Honig karamellisiert in Tomatencremesoße, denn er musste sein neues Leben genießen. Die Kinder aßen Wiener Schnitzel mit Pommes, denn die Mutter war aus Wien. Das Schnitzel nicht.

Danach hieß es für die Jungs: zurück ins neue Zuhause. Vor der Haustür stand Isabell. Sie fuchtelte nun wild mit den Armen. Hinter ihr stand ein fremder Mann mit langen Haaren, die er zum Pferdeschwanz zusammengebunden hatte.

„Wir waren fein speisen", riefen die Kids der Mutter aus dem Auto zu. „Papa hat Wachteln gegessen."

Das schien diese aber nicht im Geringsten zu beruhigen und sie fing noch schneller an, mit den Armen zu rotieren.

Andreas beobachtete das Ganze und überlegte, wie schnell wohl ein Mensch mit den Armen rotieren müsste, um abzuheben.

Isabell zerrte die Kinder aus dem Auto ins Haus und schlug die Tür demonstrativ zu. Durch die Tür könnte er bruchstückhaft hören, wie sie schrie.

Es klang wie „Kindesentführung ... Gericht ..."

Dazwischen rief sie mehrmals „Mein Anwalt ... Mein Anwalt. Der Anwalt ..."

Aha", dachte Andreas, "Ihr Anwalt, dieser Spinner."

Er fuhr nach Hause, setze sich in die Küche und schrieb auf einen Zettel: Flaschenöffner. Denn Tommy wollte vorbeikommen.

Am nächsten Tag hatte Andreas verschlafen und trudelte erst gegen Mittag ein. Er setzte sich ins Büro und gähnte.
Genau um 12:00 klingelte das Telefon der Sekretärin.
„Wie viele Eier kommen in den Pfannkuchen", klang eine eifrige Kinderstimme am Telefon.
„Aha, Cornelius", erkannte sie die Stimme. "Ich stelle dich mal zu deinem Papa durch."

„Wie viele Eier kommen in den Pfannkuchen?"
„Ach du bist es", freute sich der Vater. „Da nimmst du am Besten so auf drei bis vier Esslöffel Mehl ein Ei."
„Aber Constantin hat schon alle Eier aufgeschlagen und ins Mehl gegeben", kam die Antwort. „Es schwimmt da auch ein Stückchen Schale."
„Die könnt ihr ja mit der Gabel rausfischen, und mit den Eiern, das ist kein Problem, da macht Ihr einfach mehr Pfannkuchen. Mama hilft euch da sicher. Mama kann am Besten kochen."
„Mama ist nicht da", flötete Cornelius durchs Telefon.
„… Wie nicht da", fragte der Vater.
„Wo seid Ihr eigentlich?"
„Zuhause."
„Wo zu Hause."
„Bei uns."
„Wo ist bei uns."
„Bei dir."
Andreas lies sich einen halben Tag beurlauben und fuhr nach Hause.

Nachdem die Küche geputzt war und die restlichen Pfannkuchen eingefroren wurden, fuhr er sie zur Isabell. Diese fuchtelte diesmal noch heftiger mit den Armen in der Luft und schrie noch lauter.

„Alles im Leben lässt sich noch steigern", dachte Andreas. „Bald hebt sie wirklich ab."

Hinter ihr stand der Mann mit dem Pferdeschwanz.

So ging es eine ganze Woche. Eine gewisse Regelmäßigkeit bestimmte das neue Leben. Es wurde telefoniert, gegessen und Isabell fuchtelte mit den Armen in der Luft.

Auch am Freitag saßen sie im Restaurant.

„Aha, unsere Stammgäste", begrüßte sie die Bedienung.

Andreas bestellte eine Seezunge in Zitronenbutter und die Kids Schnitzel mit Pommes. Constantin schnitt sein Schnitzel in kleine Stücke, um dann in aller Ruhe eine Erklärung abzugeben:

„Du Papa, ich habe vorhin mit Mama telefoniert hatte und ihr gesagt, wir wohnen jetzt wieder bei dir."

Der Vater verschluckte sich fast und hörte auf zu kauen.

„Und was hat sie gesagt?"

„Konnte ich nicht verstehen. Irgendwie war sie so laut und dann war das Gespräch weg."

„Na gut", sagte Andreas. „Kein Problem, dann gründen wir drei eben eine WG."

„Was ist eine WG?" Fragte Cornelius.

„Das ist eine Wohngemeinschaft."

„Was ist eine Wohngemeinschaft?" Fragte Constantin.

„Da muss jeder einmal die Toilette putzen."

Kleidung macht Leute

Die erste Nacht mit dem doppelten C war abenteuerlich. Cornelius und Constantin waren begeistert. Im Wohnzimmer herrschte Zeltatmosphäre. Wie im Urlaub, mit Luftmatratzen und Schlafsäcken. Die Betten und Kleider waren ja alle ausgezogen. Man besaß, was man auf dem Leibe trug. Der Rest war bei Isabell unter strengster Verwahrung. „Die Kinder kommen sofort zurück!" Fauchte sie durchs Telefon. „Wäsche gibt es nicht."

So nahm er am Nachmittag Urlaub, holte das doppelte C von der Schule ab und man begab sich zu *Familienidyll*, dem Einkaufsladen für die moderne Familie.
Andreas war der einzige Mann in diesem Laden. Die Verkäuferin sah ihn sogar so an, als ob sie noch nie einen Mann gesehen hatte.
Gewohnt, klare und kurze Anweisungen zu geben, begrüßte Andreas die Verkäuferin:
„Guten Tag, Bitte zweimal Vollausstattung. Hosen, Jacke, Pullover und so weiter. Eben alles."
„Ja alles, wir brauchen alles" unterstrich Constantin seine Worte.
Zu den Kindern gewandt fragte er: „Lieblingsfarbe?"
„Gelb", sagte Constantin.
„Blau mit weiß", der kleine Bruder.
Andreas wandte sich der Verkäuferin zu.
„Bitte zweimal Vollausstattung. Einmal gelb, einmal blau-weiß."

25

„Wie bitte" fragte die junge Verkäuferin.

Andreas erklärte die Situation: „Stellen sie sich einfach vor, unser Haus ist abgebrannt. Wir brauchen alles neu."

„Oh je." Das Gesicht der Verkäuferin zeigte sich bestürzt.

„Sind sie wenigstens gut versichert?"

Andreas machte einen neuen Anlauf:

„Stellen sie sich nur theoretisch vor, wir sind abgebrannt. Nur theoretisch. Es hat bei uns nicht in echt gebrannt. Nur theoretisch."

„Aha", gab die Verkäuferin zu verstehen, und schaute ihn misstrauisch an. „Der ist nicht ganz dicht", dachte sie. Aber um weitere Missverständnisse zu vermeiden und der Kunde ja bekanntlich König ist, sagte sie freundlich:

„Dann sehen wir mal."

Sie fischte aus dem Kleiderregal einen blauen Pullover und hielt ihn Constantin hin.

„Ich möchte aber gelbe Socken", erklärte ihr dieser, ohne den Pullover nur eines Blickes zu würdigen.

„Und ich Blaue, mit weißen Punkten." betonte Cornelius.

„Gut dann zeige ich Ihnen erst einmal drüben die Socken", sagte die Verkäuferin und zeigte auf einen anderen Stand.

Soweit kam es aber nicht, da sich Constantin bereits in einen gestreiften viel zu kleinen Pullover zwängte und schrie: „Hilfe, ich stecke fest."

Cornelius begann sofort seinem Bruder zu helfen und zog am Ärmel, der sich langsam dehnte und dehnte."

„Du musst fester ziehen", schrie Constantin. „Zieh'
fester!"
Andreas fuhr dazwischen. „Hört ihr sofort auf damit!"
Die Verkäuferin griff ein und half ihm aus seinem
Gefängnis. Man sah schon an ihren Handbewegungen,
dass sie Übung hatte, Kinder anzuziehen. Sie zog den
Pullover hoch und schaute leicht verärgert. "Den kann
ich wohl niemanden mehr verkaufen. So wie der jetzt
aussieht."
Andreas zeigte sich unbeeindruckt.
„Vielleicht passt er ja mir, ich bin doch kleiner",
schaute Cornelius zum Vater auf.
„Meinst du ich kaufe Pullis mit verschieden langen
Ärmeln. Wer trägt denn so etwas?" Fragte Andreas
zurück.
Die Verkäuferin wollte scheinbar etwas sagen, tat es
aber dann doch nicht. Alle sollten nichts mehr
anfassen und ihr zum Sockenstand zu folgen.
Dort wühlte sie nun in einem großen Haufen Socken
und pflügte ihn zweimal um.
„Moment mal, blaue Socken mit weißen Punkten",
murmelte sie dabei mehrmals vor sich hin. „Blaue
Socken mit weißen Punkten. Ich habe es gleich."
Dann zog sie blaue Socken heraus, strahlte, hielt sie
hoch und alle schauten, was sie da hoch hielt.
„Ich mag keine Streifen", entrüstete sich Cornelius.
„Wir haben aber nur noch die mit den weißen Streifen
da. Da hätte dein Papa mal eher kommen sollen."
Jetzt schob sie die Schuld auf Andreas.
Cornelius schaute sie an: "Sie müssen einfach
weitersuchen, da sind sicher welche drin."
„Wir haben nur noch welche mit Streifen",
wiederholte sie.

„Und die Gelben, wo sind die Gelben?" Fragte nun der Ältere.

Die Drei befanden sich nunmehr schon fast eine halbe Stunde im Laden. Andreas begann zu schwitzen. Die Verkäuferin auch.
Die Drei hier lebten mit der völlig abstrusen Vorstellung, genau dass was sie suchten auch zu finden. Sie dachten wohl, sie müssten nur lange genug rumwühlen und die Sachen aus den Regalen zupfen, dann fände sich das gewünschte Kleidungsstück irgendwo.

„Wissen sie was?" Kam Andreas die rettende Idee.
„Sie könnten mir doch einen Gefallen machen?"
„Welchen denn?"
„Sie suchen alles zusammen und wir holen es heute Abend ab. Und was es nicht gibt, holen sie bei der Konkurrenz. Hier ist schon mal Geld."
Die Verkäuferin schaute ihn dankbar und erlöst an.
Sie war nun froh, dass es jetzt klar definiert weiterging. Man einigte sich auf zweimal Grundausstattung. Einmal Größe hundertvierundvierzig in Gelb und einmal hundertzweiundzwanzig in Blau mit Weiß, gepunktet.

Während noch die Beschaffungsmodalitäten geklärt wurden, zog Constantin an einem roten Stoffzipfel, der ganz unten an einem Stapel T-Shirts rausschaute. Ich brauche noch ein rotes T-Shirt mit einem weißen Delfin auf der Brust. So eins, wie das bei Mama."
Cornelius schaute gespannt zu, wie sich der riesige Stapel langsam von unten her auflöste.

„Ihr hört jetzt sofort damit auf … aber sofort."
Andreas hielt ihn gerade noch ab. „Wir sind fertig, und
holen alles heute Abend ab."

„Auch die Socken mit den weißen Punkten." Wollte
der Kleine wissen.

„Ja, auch Socken mit weißen Punkten. Eine ganze
Tragetasche voll", sagte Andreas.

Bis zum Abend hatte die Verkäuferin gute Arbeit
geleistet. Schwerstarbeit. Da standen sie nun. Sechs
Tüten. Prall gefüllt. Drei mit einem gelben, die
anderen mit einem blauen Band.

Schwerbepackt wie Gladiatoren schleppten die Drei
die Tüten nach Haus und stellten sie neben die
Luftmatratzen.

Schränke gab es nicht. Die Schränke waren ja
ausgezogen.

In einer Tragetasche waren die blauen Socken. Aber
nicht mit Punkten. Die Verkäuferin hatte die Socken
mit den Streifen reingestopft. Sie hatte beschlossen,
dass Kunden frühzeitig lernen müssen, dass man im
Leben nicht alles bekommen kann.

Eine Fabrikantenfamilie

Langsam war alles fast wie früher. Der Kühlschrank war voll, man hatte etwas zum Anziehen.
Einen kleinen Schönheitsfehler hatte das Ganze jedoch noch: die Einrichtung. Jeder Mensch, der schon mal in einem leeren Haus auf Luftmatratzen campiert hat, weiß, wie schön es ist, in einem warmen weichen Bett zu liegen.

Constantin beschwerte sich mittlerweile über die karge Möblierung seines Kinderzimmer und als die Luftmatratze auch noch ein Loch bekam, wurde es wirklich Zeit. Er hatte total hart geschlafen und verlangte auch nach einem Schreibtisch.

„Im Briefkasten liegt das Wochenblatt, bring mir das mal", sagte der Vater. „Da sind immer Prospekte drinnen, mit Möbeln."
In den Prospekten waren die Schränke, Betten und Schreibtische fertig abgebildet. Es gab sogar eine Hotline. Der Möbelfabrikant hatte sich auf Notfälle eingerichtet, die komplette Kinderzimmer innerhalb von 24 Stunden benötigten. Notfälle, wie bei Andreas, der so gut wie abgebrannt war.

So bestellten sie zwei komplette Kinderzimmer. Jeweils ein Bett, einen Schreibtisch und einen Schrank.

Am nächsten Tag traf auch alles ein. Geliefert wurden

allerdings nicht die abgebildeten Möbel sondern zwölf flache schwere Kartons. Darin befanden sich Bretter, mit Löchern an den seltsamsten Stellen Plastikbeutel mit vielen Schrauben, Dübel und Haken. Dazu noch acht unverständliche Zeichnungen.

Der Möbelfabrikant war anscheinend nicht der Fabrikant. Die eigentlichen Möbelfabrikanten waren Andreas und das doppelte C. Die Menschen, die die Möbel zusammenbauten.

Sie begannen.   Cornelius hatte auch gleich die erste Idee:

„Wir geben alle Schauben und kleine Teile in eine Schüssel."

„Prima, das machen wir", sagte Andreas.

„So geht nichts verloren", bekräftigte Constantin die Idee.

Andreas nahm eine große braune Platte aus dem Karton.

„Was ist denn das?"

„Das ist die Schrankseite", meinte Constantin,

„Oder ein Teil des Schreibtisches?" bemerkte Cornelius.

Die Drei fanden die Platte auf der Zeichnung. Cornelius hatte Recht.

„Also, wir beginnen mit dem Schreibtisch, wo ist die Schraube

F-Sieben", begann Andreas. Es war gar nicht so einfach die kleinen Schrauben zu unterscheiden. Sie suchten eine mittelgroße Schraube, von denen es sechs Stück geben sollte, die aber fast so wie die vier Schrauben der Schranktür aussahen.

Also wurde sortiert. Cornelius hielt eine Schraube hoch,

"Die hier gehört zur Schrankschublade."
Die Drei vertieften sich in der Zeichnung.
Tatsäschlich, er hatte Recht. Schraube *F-Vierzehn*.
Zum Verwechseln ähnlich mit *B-Drei* vom Bett. Der
Kleine hatte einen wirklich analytischen Blick.
„Also, dann beginnen wir mit der Schrankschublade.
Es ist ja egal, wo wir beginnen." Sie schraubten und
suchten und schraubten und suchten.

Am Abend war die erste Schublade zusammengebaut
und der Erfolg wurde ganz groß gefeiert. Die Kids
aßen Pommes, der Vater Gambas.
So ging es das ganze Wochenende. Man schraubte und
suchte und schraubte und suchte, und arbeitete sich
von Holzplatte zu Holzplatte voran. Dazwischen gab
es Pommes.
Die übrig gebliebenen Schrauben kamen in eine Tüte.
Es war eine ganze Menge, aber die Möbel hielten
erstaunlicherweise trotzdem.
„Das ist Reserve", erklärte Andreas den Kindern. Falls
mal eine Schraube kaputt geht. Das ist Service."
Constantin deutete auf eine bereits eingerissene Stelle
an der Schranktür.
„Die Schrauben gehen wohl nicht kaputt, eher das
Holz."
Cornelius wusste es sogar noch besser: „Kleber gehört
wohl nicht zum Service? Den sollten die mal lieber
dazupacken."
Der Vater schaute auf die eingerissene Stelle. „Da hast
du wohl Recht."

Anwälte und Schnürsenkel

Es kam unerwartet Post vom Anwalt.

Andreas hatte den Anwalt schon ganz vergessen, aber nun rief er sich in Erinnerung. Er hatte wichtige Neuigkeiten mitzuteilen. Über acht Seiten lang.

Im Schreiben stand, dass das so, wie es zurzeit abläuft, nicht gehe. Er solle die Kinder sofort zur Mutter zurückschicken und dann endlich mit den Unterhaltszahlungen beginnen. Weiter unten stand er sei ein schlechter Mensch, völlig ungeeignet zur Erziehung von Kindern.

Die Begründung lieferte der Anwalt gleich mit: Constantin sei beobachtet, worden, wie er mit offener Jacke und einem offenen Schnürsenkel von der Schule nach Hause ging. Wie konnte man ein Kind nur so verwahrlosen lassen. Das Jugendamt wurde informiert. Die Kinder müssen gewissermaßen konfisziert und der Mutter zur ordentlichen Erziehung zugeführt werden.

Andreas überkam ein seltsames Gefühl. Da schlichen anscheinend irgendwelche Leute seinem Kind auf dem Schulweg hinterher? Mit einer Checkliste für Reißverschlüsse, Schnürsenkel und was auch immer. Vielleicht sogar irgendwelche zwielichtigen Privatdetektive. Er kannte solche Typen aus dem Fernsehen. Nicht gerade Vertrauen erweckend.

Aber der Anwalt hatte das Recht, dass man ihm antwortet. Andreas setze sich an den Computer und schrieb:

Hohes Gericht
Der Anwalt der gegnerischen Seite hat Sie und mich

freundlicherweise darauf aufmerksam gemacht, dass mein Sohn Constantin mit offenen Schürsenkeln herumgelaufen ist. Das ist richtig.

Er kam auch ohne Schulranzen heim. Wir sind ihn dann suchen gegangen und haben ihn auch hinter einem Busch gefunden.

Danach sind wir auf dem Schulranzen sitzend auf dem Schnee den Hang heruntergerutscht. Das hat total Spaß gemacht. Constantin hatte vor Freude ganz rote Wangen.

Er unterzeichnete der Ordnung halber wieder mit:
Hochachtungsvoll, der Gegner.

Modernes Putzen

Genauso aufregend, wie die Tage waren, genauso langweilig waren die Nächte.

Sie waren grausam und einsam. Aber was tun, wenn man so alleine da sitzt? Mitten in der Nacht. Er schaute aus dem Fenster. Alles war dunkel, nirgends mehr brannte Licht.

Er schaltete den Fernseher ein.

Auf dem Bildschirm räkelte sich eine halbnackte Frau und eine liebliche Stimme erklärte: „Wähle elf sechs, sechs, sechs, sechs. Erotische Frauen aus deiner Nachbarschaft wollen dich kennen lernen"

Die Telefonnummer blinkte rhythmisch im Takt der Bewegungen.

„Die habe ich noch nie gesehen", dachte er. „Ich hatte ja überhaupt keine Ahnung, wer hier so alles wohnt." Bislang war er davon ausgegangen, in einer guten Gegend zu wohnen.

Er ging etwas näher an den Bildschirm, um genauer zu sehen. Ein wenig sah die Frau ja aus wie die Bäckerin, aber die war etwas älter und trug eine Brille. Außerdem stand diese ja auch zu dieser Zeit in der Backstube, anstatt sich im Fernseher zu räkeln. Sie konnte es also nicht sein.

So nah am Bildschirm konnte er auch den Preis erkennen. Ganz unten stand er, ganz klein. Für zwei Euro fünfzig konnte man sie kennen lernen. „Das ist soviel wie fünf Vollkornbrötchen", rechnete Andreas um.

Gleich danach bot eine große streng schauende Frau

im Korsett ihre Dienste an. Mit einer Peitsche in der Hand wollte sie interessierten Männern auf die Sprünge helfen - für drei Euro die Minute.

„Interessant", dachte Andreas und war neugierig, was sonst noch zu so später Stunde in Fernsehen geboten wurde. Er schaltete auf den nächsten Kanal. Dieser befasste sich mit anderen Bereichen des täglichen Lebens.

Ein Herr im Anzug und ein auf Hausfrau getrimmtes Model schoben ein seltsam anmutendes dampfendes Gerät über einen Teppich. Der neue *SuperCleaner*. Ohne Chemie
Fünf einfache Raten zu je fünfundvierzig dreißig.
„Was ist den das, eine einfache Rate", fragte sich Andreas, aber das Model erklärte es auch schon. Um das Geldausgeben musste man sich keine Gedanken mache, das wird einem abgenommen.
Andreas war beeindruckt. Das Gerät arbeitete ganz ohne Chemie. Es dampfte leise vor sich hin und alles wurde hygienisch sauber. Anstatt seine Zeit mit irgendeiner Bäckersfrau zu verbringen, wollte er sich erst einmal um den Haushalt kümmern. Er wählte die Telefonnummer.

Der *SuperCleaner* kam am nächsten Tag. Andreas dampfte durch das Wohnzimmer. Das doppelte C staunte und bekam von Andreas erklärt, dass er sich der modernen Haushaltsführung verschrieben hatte. Alles solle von nun an auf dem neuesten Stand sein.

Aber Putzen braucht Zeit. Und Zeit hatte Andreas

wenig. Selbst die Zeitersparnis mit dem *SuperCleaner* reichte nicht aus. Der Tag hatte ja nur 24 Stunden. Hilfe musste her. Und zwar professionelle Hilfe.

Er inserierte.

„Alleinerziehender Vater sucht Hilfe im Haushalt."
Sieben Frauen meldeten sich, darunter sogar zwei Erzieherinnen, aber die wollten gar nichts sauber machen, sondern Erziehen. Die Jungs und auch ihn selbst.

Aber eine freundliche ältere Dame entsprach ganz seinen Vorstellungen. „Kochen kann sie nicht", lachte sie. „Aber putzen. Perfekt. Mit drei Referenzen."

Bereits im Eingang hatte sie den *SuperCleaner* entdeckt.

„Was ist denn das? Das geht gar nicht", erklärte sie den drei. „Alles ganz falsch. Für den Boden reicht ein Schrubber. Die Fenster werden mit Spiritus und Zeitungspapier geputzt.

„Wie praktisch und umweltschonend", dachte Andreas. Früher wussten die Leute einfach noch, wie man sich sparsam und ökologisch verhält.

Der *SuperCleaner* wanderte in den Keller und wurde durch einen Schrubber mit zwei Wischlappen ersetzt. Er kaufte zehn Flaschen Spiritus. Diese standen nun mit den Schildern nach vorn im Regal. Ordnung ist wichtig. Er wollte ein Vorbild für die Jungs sein.

Frau Küchenbach putzte und putzte und putzte. Trotz Ihres vorgerückten Alters war es erstaunlich, wie sie sich verrenken konnte. Sie konnte sogar mit dem Besenstiel die vertrockneten Pausebrote unter den Kinderbetten hervor balancieren.

Sie erklärte den Dreien auch, dass man die Schuhe vor dem Haus auf der Fußmatte sauber macht. Nach einer Woche standen im Flur zehn Paare Hausschuhe. Der Größe nach sortiert. Vorne die Karierten, dahinter die Gestreiften für die Gäste. Auf den Sesseln waren nun Schonbezüge. Auch die Lampen waren abgestaubt. In der Küche und Bäder roch es allerdings von Tag zu Tag immer seltsamer. Ein eigentümlicher Geruch hüllte das Haus zunehmend ein. Den Geruch kannte er. Aber woher. Er schloss die Augen und atmete tief ein. Ja, wie im Operationssaal. Frau Küchenbachs Schwager arbeitete im Krankenhaus und so kam sie anscheinend günstig an allerlei Desinfektionsmittel heran.

Im Wohnzimmer roch es nun auch wie im Großklinikum. Wie vor der Operation. Andreas bekam einen Hustenanfall, öffnete alle Fenster und rang nach Luft.
Um zu überleben, schrieb er Frau Küchenbach einen Brief. Darin bedankte er sich für ihre Arbeit, legte eine großzügige Summe bei und schickte ihn ihr mit zwei Paar Hausschuhen zu.
Die restlichen acht Paar Hausschuhe stellte er im Keller ins Regal. Wer braucht schon so viele Hausschuhe? Drei Personen und der Flur voll mit Hausschuhen. So einen Unsinn würde er nicht mehr mitmachen.

Die Hausbank ist eröffnet

Das mit der Haushälterin hatte so gar nicht geklappt, und so nahm er den Haushalt selber in Angriff.

„Mitarbeitermotivation", dachte er. „Das ist der Schlüssel zu m Erfolg. Was in einer Firma klappt, klappt sicher auch zu Hause. Man braucht nur ein System, ein einfaches überschaubares System."

Am Besten mache ich es wie die Nachbarin mit Ihren Kindern. Für die Hilfe beim Staubsaugen gibt es fünf Cent. Für einen Tag Artigsein zehn Cent. Und für fünf mal Artigsein einen Kinobesuch.

Tommy meinte zwar, das sei psychologisch unklug aber Andreas ließ sich nicht abhalten. Die Kinder der Nachbarin waren wie Engel. Allerdings waren das auch Mädchen und Andreas kannte sich damit überhaupt nicht aus.

Die Einführung klappte prima und nach einer Woche beschloss Andreas,
eine Art Hauswährung einzuführen. Diese bestand aus Fuffis und Wubbs.
Ein blauer Chip war 1 Fuffi wert.
Ein roter Chip entsprach 7 Fuffis.
Dazu entwarf er schöne bunte Geldscheine. Der kleine Schein war grün, und hatte auf einer Seite das Haus abgebildet und auf der anderen Seite stand groß eine 25. Er nannte ihn Semi-Wubbs. Der große Schein bekam eine 36 und hieß nun Wubbs. Auf der Rückseite des großen Scheines war ein eingescanntes Bild vom doppelten C und Andreas.

Andreas setzte sich mit den Kids an den Küchentisch, vor sich eine Geldkassette und erklärte: „Ein Fuffi sind 50 Cent."

„Aha" wunderten sich Constantin und Cornelius und bewunderten die neue Währung.

„Und wie viel ist der Semi-Wubbs Schein wert?"
Ich sage es euch.

„Der Semi-Wubbs ist 25 Fuffis wert. Und 25 Fuffis sind soviel wert wie 3 rote 7-Fuffi-Chips und vier blaue Ein-Fuffi-Chips. 3 mal sieben macht 21 und 4 mal eins 4.

Zusammen sind das 25. Und wie viel sind 25 Fuffis wert?"

„Keine Ahnung", sagte Cornelius.

„Das ist doch ganz einfach: 1 Fuffi sind 50 Cent. Und wenn Ihr 25 Fuffis umtauscht, sind das umgerechnet 1250 Cent. Also 12 Euro 50 Cent."

„So viel?" Staunte Cornelius.
Constantin rechnete nach. Ja, das klang einleuchtend.

„Und der 36 Wubbs Schein?"

Die Kids überlegten.
„Das ist schwieriger sagte Andreas.
Ein 36 Wubbs-Schein ist soviel wie ein Semiwubbs-Schein a 25 Wubbs. Dann fehlen noch 11 Fuffis.
Das sind ein roter 7-Fuffi-Chip und 4 blaue 1-Fuffi-Chips.

Die Kids rechneten wieder nach.

„Wenn die das begreifen, schreiben sie in Mathe nur noch Einsen", war sich Andreas sicher.

„Übrigens bin ich die Bank", sagte Andreas. Die Bank eröffnet einmal täglich um 6 Uhr abends. Wir beginnen Freitag am Abend. Dann kann gewechselt werden. Fuffis und Wubbs in Euro."
„Umgekehrt aber auch", sagte Cornelius.
„Natürlich. Wie bei jeder Bank", sagte Andreas und freute sich, dass die Währung so schnell akzeptiert wurde.

Die Kids erhielten zur Motivation jeder ein Anfangskapital in Form von einem blauen 1-Fuffi-Chip und einem roten 7-Fuffis-Chip und gingen zufrieden ins Bett. Das klang kompliziert dachten sie, aber wussten, die Chips in ihrer Hand waren etwas Wert, in ihrem Haus.

Die Woche lief prima und am Ende der Woche hatten sie durch ein vorbildliches Betragen Ihren Reichtum vermehrt. Freitagabend wurde Andreas als Bankdirektor aktiv und wechselte.
Constantin wechselte in Euro. Cornelius behielt die Wubbs.

Den ersten Rückschlag kam eine Woche später. Das ganze Haus war mit Keksen zugekrümelt und überall lagen Bonbonpapiere rum. Andreas war sauer.
„Alle mal herhören. Antreten zum Appell" rief er durchs Haus.

41

Das doppelte C schlich sich heran. „So geht das nicht. Ich werde Maßnahmen ergreifen."

Er hatte eine Kreidetafel besorgt und hängte sie im Wohnzimmer für alle gut sichtbar auf. Dann schrieb er groß darauf: 1:40.

„Eins zu vierzig", sagte er.

„Was ist denn das?" fragten die Zwei.

„Ab heute ist der Fuffi nur noch 40 Cent wert." Hier steht unser Hauskurs.

Wenn alle klappt, steigt der Kurs und wenn es Ärger gibt, sinkt er. So funktioniert die freie Marktwirtschaft auch. Geld, Wechselkurse, Dienstleistung. Alles steht in direktem Zusammenhang mit dem, was im Leben passiert. In unserem Fall, mit eurem Betragen."

Die Kids verstanden zwar nichts von freier Marktwirtschaft, begriffen aber irgendwie, dass die Fuffis nun weniger Wert waren.

Sie starten auf einen Fuffi Chip und fragten noch einmal nach: „Der ist jetzt nur noch 40 Cent wert und nicht mehr 50."

„Exakt", sagte Andreas." Er ist gesunken, weil ihr das Haus zumüllt."

Cornelius trauerte, da sein ganzes Vermögen in Fuffis angelegt war und jetzt weniger wert war.

Constantin störte es weniger. Er saß da und rechnete. Er rechnete aus, dass er beim Rückwechseln seiner Euros jetzt mehr Fuffis bekommen würde wie vorher und legte noch am selben Abend seine Euros in Fuffis an.

Seinen Bruder tröstete er und erklärte ihm: „Wenn wir brav sind, steigt der Kurs sicher wieder. Dann besitzt du genauso viel wie vorher."

Am nächsten Tag sammelten sie alle Bonbonpapiere

ein.

Der Kurs stieg wieder auf 1:50.

Vom Schreck erholt tauschten die Beiden noch am selben Abend alle Fuffis gegen harte Euros.

Von jetzt an wurde jeder Fuffi täglich sofort in Euro gewechselt. Sicher war sicher. Die Kids verhielten sich wie die Engel und der Kurs stieg täglich.

1:50 ... 1:70 ... 1:90. Kontinuierlich.

Constantin stand jeden Abend aufmerksam vor der Tafel.

Beim Kurs von 1:90 erklärte er seinem kleinen Bruder: „Wie dumm von mir. Wenn ich die Fuffis von Montag behalten hätte, wäre er sie 90 Cent wert."

Am Abend, als sie im Bett waren, schmiedete Constantin einen Plan und weihte Cornelius ein.

Der Plan war riskant und Cornelius verstand nicht so recht, worum es ging. Aber er machte mit. Constantin hatte immer die besten Ideen.

Am nächsten Tag ging Constantin nach dem Abendessen ins Wohnzimmer und setzte den Plan um.

Er verteilte demonstrativ Papierschnitzel. Cornelius lief hinter ihm und beteiligte sich eifrig.

Dann stellten sie sich vor die Tafel und beobachteten was passierte.

Diese Provokation blieb nicht ungeahndet. Andreas tobte. Ein schwarzer Freitag der Hauswährung bahnte sich an. Der Kurs rutschte ins Bodenlose 1:35 schrieb Andreas groß und fett auf die Tafel. Die 35 war zweimal unterstrichen.

Die Kinder schauten zufrieden und Andreas verstand nicht ganz, was sich hier entwickelte.

Das doppelte C setzte sich vor die Geldkassette und wartet auf die Eröffnung der Hausbank.

„Was möchtet Ihr?" Fragte Andreas.

Die Antwort von Constantin kam prompt.

„Papa ich möchte gerne Fuffis kaufen. Heute sind sie so günstig, Cornelius möchte auch wechseln."

Der Kleinere nickte zustimmend.

Andreas staunte und ahnte, dass er mit Constantin hier ein zukünftiges Finanzgenie vor sich hatte.

Am nächsten Tag begann der zweite Teil des Plans. Eine Woche lang benahmen sie sich mustergültig. Absolutes brav sein war angesagt. Sie räumten ihre Zimmer auf, legten Andreas die Hausarbeiten vor und gingen einkaufen. Der Kurs stieg von Tag zu Tag. Samstag stand der Hauskurs bei 1:70. Ein Fuffi war nun 70 Cent wert.

Die beiden wechselten alle Fuffis in Euro und hatten ihr Vermögen verdoppelt.

Andreas hatte sich getäuscht. Die beiden hatten den Zusammenhang zwischen Dienstleistung, Wechselkursen und das Prinzip der Marktwirtschaft sehr wohl verstanden.

„Du betreibst hier üble Fuffimanipulationen", sagte er zu Constantin. „Wir brauchen unbedingt eine Art Finanzaufsicht für unsere Hausbank. Bis diese eingerichtet ist, bleibt die Bank geschlossen."

Zurück ins Internet

Als Direktor der Hausbank hatte Andreas kläglich
versagt. Er hatte nicht mit der Auffassungsgabe und
Raffinesse der beiden gerechnet.

Nun wollte er sich erst mal nur um sich selber und sein
Seelenheil kümmern. Er dachte an Frauen, und die
unendlichen Möglichkeiten im Internet. Er startete
einen neuen Versuch.

Bald hatte er ein neues Date. Diesmal mit einer
SAHNEHAUBE HH. Stefanie 167 cm, 52 kg, schlank,
37, und er schlug sich wirklich tapfer. Stefanie war in
Wirklichkeit so um die 50, aber noch gut
zurechtgemacht, wog allerdings bei einer geschätzten
Größe von 160 so um die 85 kg und erzählte ihm, dass
sie gerne bergsteigen geht. Das mit dem Gewicht kann
passieren, dachte Andreas, so etwas kann beim Tippen
leicht passieren und aus einer 85 wird schnell eine 58.
Das nannte man halt einen Zahlendreher.

Stefanies Bild im Internet war aus einem anderen
Lebensjahrzehnt. So mit Parker und Fuchsschwanz um
die Kapuze. Er schätze mal so um die zwanzig Jahre
her. Aber ein so fantasievoller Mann wie er konnte
sich das vorstellen: So muss Stefanie, die jetzt vor ihm
stand, damals kurz nach der Schule ausgesehen haben.
… bzw. Margit. Stefanie hieß nämlich im wirklichen
Leben Margit, wie sich nun herausstellte. Die SMS
war immer mit Sony unterschrieben. Wenn man es
nicht besser gewusst hätte, hätte man denken können,
er habe es mit drei verschiedenen Damen zu tun.

Nun saß er hier mit ihr im Restaurant und hielt durch.

Bezüglich des im Internet angegebenen Hobbys fragte er noch einmal nach: "Bergwandern?" "Nein Bergsteigen", sagte sie." „ ... Erstaunlich ... „, dachte er ... ... erstaunlich ... Was alles möglich ist." Da hatte er bislang eine total falsche Vorstellung von der Physik in den Bergen. Da gelten sicher andere Gesetze. Die Wissenschaft gewinnt ja immer neue Erkenntnisse.

Aber immerhin. Dieses Mal war das Foto echt. Nicht wie beim ersten Date mit *SCHWEBENDERSTERN HH.*
Nach dem Essen sprudelten ihre Worte aus ihr hervor und er erfuhr, dass ihr Ex Fußball spielte, der ExEx Tennis und der ExExEx einen alten Renault fuhr, dessen Sitze wiederum seine ExEx selber aufgearbeitet hatte, die Ex aber die Farbe nicht leiden wollte.

Die Wochenenden verbrachte sie mit ihrem ExEx in einen Wohnwagen, den der jetzige Freund der Schwester mit Blumen bemalt hatte. Aber die Beziehung kriselte dort auch schon. Am Montag ... Chefs ... Schuhe ... rosa Tapeten ... Ibiza ... die Worte sprudelten und sprudelten. Andreas hatte schon die 2000 Worte verbraucht, die ein Mann pro Tag hat. Aber Stefanie war das Perpetuum mobile der Worterzeugung. ... Andreas wurde es ganz schwindelig. Dann folgten die detaillierten Trennungsgeschichten und er überlegte was ein Therapeut die Stunde nehmen würde. Aber als

Therapeut würde er sich nie eignen. Das wusste er jetzt. Allerdings müsste er nie mehr arbeiten und nur noch zuhören. Man schaltet nach einer Weile völlig ab. Eine völlig neue Erfahrung.

Die Rechnung für die Flasche Wein und die doppelte Portion spanische Kartoffeln (Bergsteigerinnen brauchen Kraft) hatte er natürlich übernommen. War recht günstig für den Rothenbaum ... und er bekam sogar ein Küsschen auf die Wange. Weil er so lieb aussieht.

Sie meinte noch, die Fischplatte ist auch zu empfehlen. Diese hatte sie mit einem *Gurgel23HB*. Er wollte nicht fragen, wer dies war und verabschiedete sich höflich.

Auf dem Weg nach Hause dröhnte ihm der Kopf. Sozusagen Real-life-soap und er mittendrin. Ohne Casting, vorsprechen oder als Tellerwäscher hocharbeiten. Von Null auf Hundert der Hauptdarsteller in der eigenen Soap.

Er fühlte sich wie der Ritter des Internets, der Traum der virtuellen Sehnsüchte, der Chatter vor dem Herrn, der ruhelose Pixelsammler. Auf jeden wollte er durchhalten. Allein schon für sein Tagebuch.

Die nächsten drei Dates sagten ab. Unerwarteter Besuch schien der Hit zu sein. Es zeichnete sich eine Art mathematische Beziehung zwischen der Kurzfristigkeit der Absagen und der Anreiseentfernung der unerwarteten Besucher.

MUTzi hatte am Vortag abgesagt. Ihre Freundin musste nicht anreisen. Sie wohnte gegenüber. *MUTzi* musste ihr beim Auszug helfen.

SANFTERENGEL2 fiel vier Stunden vorher ein, dass

der Bruder aus der nächsten Stadt kam. *Carla_W* rief eine halbe Stunde vorher an. Es war wegen einer Schulfreundin aus Süddeutschland.

Eine gewisse Freude kam in Andreas auf und machte sich auf seinem Gesicht breit. Er hatte den Mechanismus verstanden. Das machte das Ganze berechenbarer. Je kurzfristiger abgesagt wurde desto wichtiger musste es sein. Von umso weiter weg kam der Besuch. Das Telefon klingelte. Eine *Murlimurl211* rief an. „Wir wollten uns doch gleich treffen." „Ja?" „Ich kann nicht kommen." „Du bekommst sicher gleich unerwartet Besuch von sehr sehr weit her" fragte Andreas. „Woher weißt Du dass?" fragte sie. Andreas sagte: "Ich weiß es eben" und legte auf.

Germknödel

Das Bekanntschaften-übers-Internet-knüpfen wollte Andreas eventuell später weiterverfolgen.

Er war ja auch als Vater gefragt und musste das doppelte C großziehen.

Immer nur Fischstäbchen, Schnitzel und Pommes Frites waren arg eintönig und er beschloss, die Kinder für kulinarische Köstlichkeiten zu begeistern.

„Ihr müsst auch mal etwas anderes essen", erklärte Andreas dem doppelten C. „Man muss auch mal etwas Neues ausprobieren."

„Und was?" kam es misstrauisch zurück.

Andreas überlegte. Er zählte eine paar Sachen auf, die er konnte. „Knoblauchhähnchen, Labskaus, Wachteln, Gambas ..."

Die Kids schauten ihn an, als ob sich ihr Misstrauen bestätigt hätte, und rümpften die Nase.

„Na, dann ruft am Besten Mama an, die weiß ja sowieso alles."

Die Kids telefonierten kurz und kamen zurück:

„Das ging ja schnell", bemerkte Andreas.

„Ja wir wollen Germknödel mit Powidl", strahlte Constantin.

„Wie bitte?"

„Germknödel mit Powidl. Powidl ist Pflaumenmus. Das hat Mama immer als Kind bekommen", sagte Cornelius.

„Oder etwas Anderes?" Fragte Andreas.

„Nein. Wir essen ab heute Germknödel mit Powidl",

Andreas fuhr in das Supercenter, um Germknödel zu besorgen. Er ging in die Abteilung mit Mehlprodukten und fragte dort nach. Die Verkäuferin zuckte mit den Schultern. Germknödel gab es nicht. Die Verkäuferin kannte noch nicht einmal das Wort.

Er fragte die Nächste. Niemand wusste Bescheid. Auch nicht am Infostand.

Was tun?

Plötzlich tippte ihn eine ältere Dame auf die Schultern.

„Junger Mann. Germknödel gibt es nicht zu kaufen, die muss man selber machen."

„Au weia", entfuhr es Andreas.

„Das ist recht kompliziert. Die können zusammenfallen. Kennen Sie Hefeteig? Sie müssen ihn ganz vorsichtig aufgehen lassen und man muss ihn ganz, ganz vorsichtig behandeln, so wie ein rohes Ei."

Die ältere Dame breitete die Arme aus und hob sie ganz langsam in die Höhe. Als ihre Hände ganz oben waren und sich die Hände oben berührten, sah sie Andreas in die Augen. Dann ließ sie die Arme schlagartig herunterfallen und sagte „Poff."

Andreas zuckte zusammen.

„Und wie macht man sie?"

Diesmal entfuhr der älteren Dame ein „Oh weia."

Sie erklärte ihm, dass es sich um ein äußerst sensibles Gericht handelt, und es jahrelange Erfahrung braucht.

Andreas war schlagartig klar geworden, dass es keine gute Idee war, die Kids bei der Isabell nachfragen zu lassen.

Er ging in den Buchladen und kaufte sich ein Buch über die Wiener Küche. Dann arbeitete er bis spät in die Nacht. Der Germknödelteig ist die Mimose unter den Hefeteigen. Er verzeiht nichts. Die Knödel gingen langsam auf und machten dann einer nach dem anderen. „Poff." Ganz so, wie es die ältere Dame prophezeit hatte. Poff, poff, poff den ganzen Abend lang.

Am nächsten Morgen saßen sie beim Frühstück und aßen Honigbrötchen.

„Bezüglich des Essens", sagte er den Kids, „da könnt Ihr ja mal Mama fragen, ob sie Euch Germknödel macht. Ich kann euch ein Glas Pflaumenmus mitgeben. Gestern Abend war ich extra noch einmal im Supercenter um eins zu kaufen."

Cornelius schaute ihn an. „Hast du auch Käse mitgebracht? Den mit den blauen Pünktchen."

Frau von Nanny

Der Haushalt hatte sich mittlerweile eingependelt, aber dieses Putzerei. Ständig hinterher räumen müssen und Papierschnitzel vom Boden aufheben. Das langte ihm mittlerweile doch.

„Es muss doch zu schaffen sein, eine gute Haushälterin zu finden", dachte er. „Am Besten eine die gut kochen kann." Sie musste ja nicht gerade die Zubereitung von Germknödel beherrschen, aber ein bisschen Abwechslung sollte schon sein.

So wurde der nächste Versuch gestartet. Auf diese Anzeige meldete sich eine Frau von Nanny. Am Telefon schon erklärte sie Andreas, theoretisch auch den Haushalt führen zu können. Aber Ihre eigentliche Profession galt der Erziehung. Das Formen und Gestalten von Menschen für eine bessere Welt. Sie lud ihn zum Vorstellungsgespräch bei ihr ein.

Normalerweise ist es ja anders herum, dachte er, aber man macht ja alles mit.

Nun saß er in Ihrem Wohnzimmer und hörte geduldig an, wie sie über die verschiedensten Konzepte referierte. Über ihre Erfolge in den verschiedensten Abschnitten ihres Lebens, wo sie auch die hoffnungslosesten Fälle wieder auf die Bahn gebracht hatte.

„Prima", dachte Andreas. „Aus dem doppelten C werden wahrhafte Persönlichkeiten werden. Staatsmänner. Starke Persönlichkeiten, die erfolgreich die Hürden des Lebens nehmen."

Er ging nach Hause um dies den Kids zu erklären.

„Ab heute brechen neue Zeiten an. Es wird kein Bonbonpapier mehr auf den Boden geworfen und die Schulaufgaben werden in schönster Schreibschrift verfasst."

Die Kids ließen sich durch diese Ankündigung nicht beeindrucken und fragten, ob sie nun fernsehen dürfen.

Zum nächsten Vorstellungsgespräch wurden alle Drei vorgeladen.

„Das Skateboard bleibt im Auto. Die Kappe auch", sagte Andreas. „Und ganz wichtig: Die Schuhe werden draußen auf der Fußmatte abgestreift" Das ist wichtig. Das wusste er noch von früher.

Alle drei nahmen im Wohnzimmer Platz. Andreas hatte ein Gefühl wie in einer Geschirrabteilung. Bei jedem Schritt konnte man durch eine unüberlegte Bewegung etwas Wertvolles umzustoßen.

Auf der kleinen Spitzendecke vor Ihnen standen kleine Teller mit Keksen. Frau von Nanny betrachtete die Kids mit leicht geneigtem Kopf. So artig, wie sie da saßen.

„Ihr bekommt jetzt etwas zum Spielen und Frau von Nanny macht euch solange Eierkuchen in der Küche", sagte sie und ging zum Schrank.

Im Schrank befand sich ein kompletter geschnitzter Miniatur-Bauernhof. Constantin bekam ein Pferd, Cornelius einen Esel. Die Kids sahen sich gegenseitig an. Diesen Blick kannte Andreas.

Frau von Nanny verschwand in der Küche und die Kinder starrten auf die beiden Figuren vor ihnen auf dem Tisch. Nach einer Weile schob Constantin das kleine Holzpferd in Richtung des Esels und sagte zweimal „Hotte hü. Hotte hü."

Cornelius erwiderte mit einem „I A." Danach kehrte Stille ein.

„Spielt weiter", ermunterte sie Andreas.

„Gut", sagte Constantin.

„Du Cornelius das Pferd ist sicher stärker wie der Esel. Wollen wir sie kämpfen lassen?"

Fast gleichzeitig griffen sie die Tiere und der Vater fuhr dazwischen. „Wollt Ihr Euch wohl benehmen." Wieder Pause.

Frau von Nanny bereitete in der Küche die Eierkuchen vor. Leise klassische Musik klang aus dem Raum. Suite Air von Bach. Beruhigend und passend zur gehäkelten Tischdecke auf dem Wohnzimmertisch.

„Ich gehe jetzt skaten, Constantin kommst du mit" ermunterte nun Cornelius seinen Bruder.

„Ihr bleibt hier." Andreas setzte seinen strengsten Blick auf und Frau von Nanny kam mit den Eierkuchen. Sie waren goldgelb. Mit Puderzucker. Das doppelte C aß sie artig und manierlich. Ein Moment, der einen Vater mit Stolz erfüllt. Gute Essmanieren sind wichtig.

Die Drei waren akzeptiert und Frau von Nanny beschloss, die Stelle anzunehmen.

Andreas gab Ihr den Hausschlüssel. „Kommen sie bitte am Montag um 12:30 zum Haus. Die beiden kommen so gegen 13:00 aus der Schule."

Er war zufrieden. Die Kids waren versorgt.

„Ach so, ich hätte es fast vergessen", fuhr er fort. „Noch ein kleiner Hinweis. Die Kids sind es die letzte Zeit gewöhnt sich alleine zu kochen und machen dann die Schulaufgaben. Vielleicht ist es am Besten sie beobachten am Anfang nur, wie der Tagesablauf ist, und verändern nicht all zu viel. Und dann bringen sie Schritt für Schritt neuen Schwung in die Küche."

Am Montag nahm Frau von Nanny mit Schwung ihre neue Arbeit auf. Sie ging ins Haus und wartete auf die Kids.
Zur gleichen Zeit saß Andreas beruhigt im Montagsmeeting und dachte daran, wie das doppelte C Eierkuchen isst, klassischer Musik lauscht und anschließend in schönster Schreibschrift unter professioneller Anleitung alle Hausaufgaben macht.

Beim Nachhausekommen sah er schon vom Weiten eine Person vor dem Haus stehen. Es war Frau von Nanny, die Profierzieherin. Ganz anders wie in seiner Erinnerung. Sie sah aus, als ob der Teufel in sie gefahren war. Bleich und mit leicht zerzaustem Haar. Sie musste schon eine ganze Weile hier im Wind gestanden und gewartet haben, denn ihr Haar war völlig zerzaust. In der einen Hand hielt sie den Hausschlüssel, in der anderen eine Dose.
Andreas ahnte Fürchterliches, wollte aber eigentlich gar nicht wissen, was geschehen war. Nach einem schweren Tag konnte er auf sämtliche Schreckensgeschichten verzichten.
Wortlos hielt er seine Hand auf und genauso wortlos legte Frau von Nanny den Hausschlüssel hinein. Sie öffnete den Mund, wurde aber schon freundlich unterbrochen.
„Alles ok", sagte Andreas und sah sie mitleidsvoll an.
„Man muss alles einmal mitgemacht haben, im

Leben."

Frau von Nanny drehte sich um und eilte wortlos weg.

Er ging ins Haus. Die Kids saßen vor dem Fernseher aßen Kekse und krümelten wie immer das Sofa voll.

„Alle ok?"

„Was soll denn schon los sein? Alles ist Prima." Erwiderte Cornelius

„Wann gibt's Abendbrot?" fragte Constantin.

Nachdem der Film vorbei war, aßen sie gemeinsam. Cornelius erklärte Andreas, dass die Kugellager vom Skateboard geölt werden sollten und Constantin war damit beschäftigt, penibel die Rinde vom Brot abzuschneiden. Er aß nichts, was dunkelbraun war, nur gelbe Sachen. Pfannkuchen, Nudeln und Eier. Bei Schnitzeln machte er eine Ausnahme. Die Mutter war ja aus Wien.

Dann herrschte Stille.

Plötzlich fiel Cornelius ein: „Du Papa, ich hab es fast vergessen. Constantin hat Frau von Nanny entlassen."

Constantin empörte sich: "Das stimmt doch gar nicht: „Cornelius hat sie gefeuert."

„Nein, Constantin hat zuerst gekündigt."

„Nein, Cornelius hat mit dem Kündigen angefangen."

Es ging hin und her.

„Ich glaube ich höre nicht recht", fuhr Andreas dazwischen. „Ihr wisst wohl überhaupt nicht, was sich gehört."

Constantin fühlte sich nun aufgefordert eine Erklärung

abgeben.

"Du Papa, kannst du dir das vorstellen: Ich komme nach Haus und möchte eine Pizza machen, da sagt diese Frau von Nanny, das gibt es nicht. Sie möchte nicht, dass man Pizza macht und wenn man acht Jahre alt ist, sollte man sich auch nicht in der Küche aufhalten und die Geräte bedienen." Er war ganz aufgeregt.

„Und weißt du, was das Allergrößte ist? Was sie gemacht hat?"

„Woher soll ich das wissen. „sagte Andreas."

„Sie hat einen Möhrensalat gemacht, mit Walnussöl und Joghurt und so einem komischen Zeug drin. Das hieß Ingwer und roch schrecklich."

Cornelius ergänzte die detaillierte Ausführung:

„Ja und dann hat Ihr Constantin gesagt: Sie solle das Ganze in eine Dose packen und zu Hause essen. Am Besten gleich."

Die beiden sahen ihren Vater an.

Andreas lehnte sich zurück. Er verzog das Gesicht. Er mochte auch keinen Ingwer.

Eine Jacke brauche ich nicht

Das Erlebnis mit Frau von Nanny hatte Andreas um Monate zurückgeworfen. Er musste die Erziehung der Kinder jetzt selber in die Hand nehmen. Aber vorerst kamen noch spezielle Herausforderungen auf ihn zu, die ihm dazu keine Zeit ließen.

Das Frühjahr kam und es wurde auch schon etwas wärmer.

Früh war es noch recht kalt und die Kinder zogen ihre Kinderjacken an.

Am nächsten Morgen wollten sie gerade los, aber Constantins Jacke war unauffindbar. Sie suchten das ganze Haus durch.

„Ohne Jacke gehst du mir nicht aus dem Haus", sagte Andreas.

„Ich habe ja noch eine Zweite", fiel Constantin ein und holte diese.

Das Suchen hatte Zeit gekostet. Andreas fuhr die beiden in die Schule.

Am Abend kam Andreas spät nach Hause und wurde von Constantin empfangen.

„Papa ich habe meine Jacke verloren"

„Das weiß ich doch schon."

„Die andere Jacke ist jetzt aber auch weg. Aber eine Jacke brauche ich eigentlich nicht."

Andreas war sauer.

„Aber klar brauchst du eine Jacke. Jeder normale Mensch trägt bei diesen Temperaturen eine Jacke."

Alle Kinder besaßen eine Jacke und haben sie zu Hause hängen. Nur mein Sohn natürlich nicht. Der schafft es, zwei Jacken an zwei Tagen zu verbummeln."

Andreas lief den Schulweg ab. Dreimal. Es war dunkel und kalt. Er nahm eine Taschenlampe mit. Er leuchtete von außen in den dunklen Flur der Schule. Die Garderobe war leer.

Am nächsten Tag fuhr Andreas die beiden in die Schule und der Ältere musste zwei Pullover übereinander anziehen. So könne er zumindest mittags nach Hause laufen.
Andreas nahm den Nachmittag Urlaub und sie gingen nun eine dritte Jacke kaufen.
Constantin erklärte auf dem Weg in die Stadt wieder, er brauche keine.
„Und was ist mit deinem Freund. Läuft der auch ohne Jacke rum?" fragte Andreas.
„Nein, der hat seine Jacke wieder gefunden."
„Wie *wieder* gefunden?" fragte Andreas und war froh, dass auch andere Kids Jacken verlieren.
„Seine Mama hat sie in der Schule geholt."
„Wie und wo in der Schule"
„Woher soll denn ich das wissen?"

Andreas rief in der Schule an.
„Sie müssen zum Hausmeister gehen", teilte man ihm mit. „Der verwaltet alle Fundstücke."
„Schon wieder Urlaub nehmen", dachte Andreas und suchte am nächsten Vormittag den Hausmeister auf.
Es dauerte eine ganze Weile, bis er ihn entdeckt hatte. Er saß in einem halb gekachelten Büro mit einer Glasscheibe und man konnte schon vom Weiten

sehen, wie sich auf dem Tisch hinter ihm bis zur Decke Kleidungsstücke stapelten.
Auch andere Kinder brauchten anscheinend keine Jacken.

„Welche Farbe hatte sie denn?" fragte der gute Mann, und wühlte sich durch den riesigen Haufen. Er zog zwei gelbe Jacken heraus. Die Gesuchte war nicht dabei.
Mit einem erfahrenen Blick hielt er Andreas trotzdem die beiden Jacken hin.
„Suchen sie sich einfach eine aus. Nehmen sie sich eine der Beiden. Das ist nicht so wichtig. Die werden sowieso wieder durchgetauscht. Und suchen sie zufällig noch ein Federmäppchen oder einen Turnbeutel?" Er zeigte auf das Regal an der Wand. Die Auswahl dort an Turnbeuteln war größer als im Supercenter.

Apfelstrudel sind wichtig

Andreas erhielt schon wieder einen Brief. Diesmal direkt vom Anwalt. Es ging nämlich nicht um die Trennung, sondern um etwas, was Isabell anscheinend ziemlich am Herzen lag.

Es waren die Apfelstrudel.

Andreas wurde bewusst, dass ein Anwalt an und für sich nichts anderes ist, wie ein schlechter Schriftsteller. Er schreibt über alles. Die Wichtigkeit spielt keine Rolle. Von der Unterschlagung in Millionenhöhe, bis zum Ast des Apfelbaums, der über den Zaun ragt. Über alles kann prozessiert werden. Auch über Apfelstrudel.

Isabell hatte die Apfelstrudel beim Auszug einfach übersehen. So etwas kann leicht passieren. Man kann etwas so gut wie nur möglich planen, ein Restrisiko bleibt immer.

So lagen anscheinend immer noch Apfelstrudel in der Tiefkühltruhe, die nicht mit ausgezogen waren. Einfach vergessen. Die Ortsangabe war präzise. In der Tiefkühltruhe im linken Fach unter dem Kohlrabigemüse. Oben das Kohlrabigemüse darunter drei Apfelstrudel.

Sie wurden damals mit Liebe gebacken, als noch unerwartet Gäste kamen und kulinarisch verwöhnt wurden.

Jetzt lagen sie eiskalt im Eck der Truhe. Die Strudel lagen aber auch sehr am Herzen Isabells, sodass sie ihren Anwalt mit diesem schwierigen Fall beauftragte.

Der Jurist teilte Andreas schriftlich mit, dass sich im

Haus noch Eigentum befindet, das Isabell gehört. Dieses musste ihr als rechtmäßigen Besitzer umgehend wiedergegeben werden. Sie besaß das Rezept - sie hatte sie gebacken - sie war der rechtmäßige Eigentümer der Strudel.

Zwischendurch verwies er auf Paragrafen und nannte einen Präzedenzfall des Bundesverfassungsgerichtes. In diesem ging es jedoch um eine eingefrorene Weihnachtsgans. Was für Weihnachtsgänse galt, dass musste auch für Apfelstrudel gelten. Das leuchtete Andreas ein.

Das Anschreiben kam in zweifacher Ausfertigung.

Ihm wurde auch eine Frist gesetzt. Bei Nicht-Einhaltung würde er mit drastischen Konsequenzen zu rechnen haben.

Andreas rätselte, für wen die Kopie wäre.

Dann schaute er nach. Tatsächlich, unter dem Kohlrabigemüse. Was sich Isabell alles merken konnte.

Er nahm die Strudel ganz vorsichtig heraus, damit sie nicht beschädigt werden. Mit fremdem Eigentum muss man ordentlich umgehen.

Am Wochenende würde er sie ihr schicken, ganz behutsam verpackt. Einzeln. Jeder in einem mit Zeitung ausgestopften Hausschuhkarton. Mit einem roten Schild drauf:

Achtung – Wichtig – Zerbrechlich. Er würde die Päckchen mit einem Rückschein schicken. „Sicher ist sicher", dachte er.

Vor dem hohen Gericht

Andreas hatte den Anwalt und das Gericht schon völlig vergessen, da kam eines Tages Post. Vom Gericht. Genauer genommen vom Familiengericht.
Es lud die sogenannten Gegner zum Aufmarsch für den Scheidungstermin ein.
Andreas hatte bislang noch nicht mit seinem Anwalt gesprochen. „Das mache ich selber", sagte er. „Ich kenne mich, und Isabells Anwalt wird mich heute auch noch kennen lernen."

Andreas war noch nie vor Gericht. Der Termin war im zweiten Stock. Vor der Tür des Gerichtssaals standen bereits Isabell und Ihr Anwalt.
Andreas stellte sich höflich vor, aber der Anwalt drehte sich um, fasste Isabell am Arm ging mit Ihr zum anderen Ende des Flurs. Dort tuschelten die beiden mit ernstem Gesicht.
„Oha", dachte Andreas, ein gewiefter Taktiker. „Nur nicht mit dem Gegner reden." Er beschloss, den Anwalt zukünftig auch nicht mehr zu grüßen.

Eine ältere Frau mit Brille kam aus dem Saal und rief ihre Namen. Sie betraten den großen Saal. Andreas fühlte sich wohl, da es genauso aussah wie in einer dieser Gerichtssendungen im Fernsehen.
Sie setzten sich. Links Andreas und rechts gegenüber Isabell mit ihrem Anwalt. Vorn saß wie ein Kapitän auf dem Schiff die Richterin.

„Lassen sie und noch einen Moment warten", sagte sie. Alle warteten. Aber auf was?

„Spannend", dachte Andreas. Nach 2 Minuten absoluter Stille, in der die Frau Richterin hinter einem riesigen Aktenberg arbeitete, hob sie den Kopf und fragte zu Andreas hingewendet: „Ihr Anwalt scheint sich zu verspäten."

Andreas erklärte ihr höflich, dass er keinen Anwalt braucht. Er ist sozusagen ein *Selfmade-Man* und sein Lebensmotto heißt *Learning by doing*.

Die Richterin stutzte kurz und eröffnete das Verfahren. Sie erklärte, dass es darum ginge, das Sorgerecht festzulegen und wo die Kinder wohl wohnen sollten.

Nun hatte Isabells Anwalt als Erstes das Wort um den Sachverhalt zu beschreiben. Er lehnte sich vor und begann zu erzählen und redete und redete und redete. Als Erstes wurden Isabells Tugenden in den höchsten Tönen geschildert. Sie war der perfekte Mensch, tugendhaft, immer um das Wohl der Kinder bemüht und das Essen stand immer pünktlich auf dem Tisch.

Dann zog er über Andreas her. Dieser sei ein schlechter Mensch, der völlig verwahrlost mit den Kindern in einem völlig verdreckten Haus haust. Er erwähnte das offene Schnürsenkel von Constantin und dass man ihn mit offener Jacke gesehen hatte. Außerdem sei Andreas jähzornig, unzuverlässig und gar nicht fähig sich um die Kinder zu kümmern.

Die Richterin war eine höfliche Frau und lies den Anwalt ausreden. Andreas hörte aufmerksam zu. Die Richterin fragte den Anwalt nun, ob er fertig referiert habe. Dann wandte sie sich zu Andreas. „Sie dürfen sich dazu äußern."

Andreas ließ es sich nicht nehmen zu erwähnen, dass der Anwalt sehr unhöflich ist, was sich schon daraus ersehen lässt, dass er nicht zurückgrüßt, wenn man ihm freundlich einen Guten Morgen wünscht.

Außerdem lässt er andere anscheinend nicht zu Wort kommen. Isabell hatte kein einziges Wort gesagt. Schließlich ist sie ja die Mutter und sollte auch mal etwas sagen dürfen. Und überhaupt: Wie kam er darauf, dass Andreas ein schlechter Mensch sei. Das sei total blödsinnig, da er ihn doch gar nicht kennt und irgendwie und irgendwo in einem Sessel sitzend Fantasterei betreibt. Außerdem sei sein Schnürsenkel auch offen. Der Anwalt verschwand unter dem Tisch und betrachtete seinen Schuh. Tatsächlich.

Der Anwalt bückte sich unter den Tisch, tauchte dann mit rotem Gesicht wieder auf und holte Luft, und rief in den Saal. Alles entspräche der der Realität und Andreas solle sich mit Worten wie Blödsinn und Fantasterei zurückhalten solle.

Die Richterin sah den Anwalt an, bat ihn Andreas zu Ende sprechen zu lassen und sagte freundlich: „Fahren sie bitte fort."

Andreas schüttelte den Kopf und erklärte der Richterin, dass es nicht in Ordnung ist, dazwischenzurufen. Aus der Gerichtssendung im Fernsehen wusste er, dass die Richterin so jemanden zur Ordnung aufrufen kann und sie solle dies bitte beim nächsten Mal machen. Die Richterin meinte, das sei wohl ihre Sache und der Anwalt bekam einen roten Kopf.

Dann erzählte Andreas davon, wie gemütlich er mit den Kindern wohnt. Dass sie alle neue Möbel haben und sogar selber aufgebaut hatten. Dass ein ganzer Haufen Schrauben übrig geblieben ist, erwähnte er nicht.

Er sprach über leckere Eierkuchen und darüber, dass die Kinder sogar mit geschnitzten Holztierchen das Leben auf dem Bauernhof nachspielen.

Dann erklärte er noch einmal ausdrücklich, dass er es überhaupt nicht in Ordnung findet, dass der Anwalt ihn in seinen Briefen als jähzornig darstellt. Der Einzige, der in diesem Raum jähzornig ist, sei der Anwalt selber. Als die Frau des Anwalts mit einem Bundestagsabgeordneten durchgebrannt ist, beziehungsweise der Bundestagsabgeordnete die Anwaltsgattin ausgespannt hatte, hatte der Anwalt selber einen Tobsuchtsanfall bekommen, der heute noch nach Jahren Stadtgespräch ist.

Der Anwalt holte Atem und riss die Augen auf. Sein Gesicht wechselte jetzt ins Dunkelrote. Wie eine überreife italienische Fleischtomate auf einem sizilianischen Wochenmarkt. Kurz vor dem Platzen.
Er sprang auf und rief: „Es ist eine bodenlose Unverschämtheit, was ich hier zu hören bekomme ... Was geht die gegnerische Partei mein Privatleben an."
Die Richterin zuckte zusammen und rief zum Anwalt: „Nehmen sie sofort Platz.".
Andreas rief auch.
„Jetzt ist er reif für ein Bußgeld. Und außerdem braucht sich der Herr Anwalt gar nicht aufzuregen, dass ich über sein Privatleben spreche. Er spricht seit

einer Stunde über meins."

Der Anwalt stand auf, wollte etwas sagen, setzte sich aber lieber wieder.

Die Richterin schaute nun Andreas etwas verärgert an. „Halten sie sich bitte auch zurück!"

„Die arme Richterin", dachte Andreas. Was musste sich diese Frau wohl schon alles von Anwälten angehört haben. Dieses Sammelsurium an Schwachsinnigkeiten, Hirngespinsten und Behauptungen. Aber die Geschichte mit dem Bundestagsabgeordneten war ihr sicher neu. Als Andreas dies erwähnte, hob sie leicht die Augenbrauen, und dachte sicherlich: „Ach so einer ist das. Da sieht man mal, dass wohl keiner eine weiße Weste hat."

Dann erklärte sie, man käme hier überhaupt nicht weiter. Es solle ein Gutachten erstellt werden. Solange blieben die Kids bei Andreas.

Andreas war sich sicher, dass die Eierkuchen den Ausschlag gegeben hatten. Wie gut, dass er das erwähnt hatte.

Der gegnerische Anwalt rief: „Einspruch. Hohes Gericht. Einspruch."

Die Richterin sagte: „Ich entziehe Ihnen das Wort. Und wenn sie sich nicht zurücknehmen erteile ich ein Bußgeld."

Andreas rief: „Jawohl!"

Die Richterin sah Andreas an. „Sie sind nicht gefragt. Die Sitzung ist geschlossen."

„Wie im Fernsehen", dachte Andreas. Stand auf, verabschiedete sich freundlich von Isabell und der

Richterin. Den Anwalt beachtete er nicht. Außerdem musste er nach Hause. Wäschewaschen und die Hausbank eröffnen.

Der schlechteste Einkauf

Wie gut, dass das doppelte C nicht mitbekam, welche Erlebnisse ihr Vater so hatte.
Für die Kinder war es das Wichtigste, eine gute Erziehung zu genießen.
Darauf achtete Andreas.

So sollten sie auch den Umgang mit Geld lernen.
Geld kann man auf verschiedenste Weise investieren.
Man kann sich Freunde kaufen, Güter, die den Neid des Betrachters heraufbeschwören, leckere Sachen.
Der geschickte Einsatz verleiht dem Besitzer Macht.
Cornelius und Constantin mussten so früh wie möglich eingewiesen werden.
„Meine Kinder sollen später keinen Mist kaufen", beschloss Andreas, saß in dem großen Esszimmer am Tisch und entwarf ein Schulungsprogramm.
Die erste Trainingstunde fand an einem Samstag statt.
Die Kinder erfuhren von Andreas: „Müll ist erst Müll, wenn niemand mehr dafür bezahlt."
„Verstehe ich nicht", flötete Cornelius.
„Gut ein Beispiel. Also, wenn in einer Sägerei Holzschnipsel und Späne übrig bleiben, dann werden damit mit Klebstoff Platten gepresst, dann noch ein bisschen Schaumstoff und Stoff rum und fertig ist der Designersessel."
Die Kinder staunten darüber, was der Vater alles weiß.
„Man kann die Schnipsel auch verbrennen und Energie gewinnen. Erst wenn sie niemand mehr will, ist das Müll."

Die erste Lektion war vorüber und nun ging es darum, praktische Erfahrung zu gewinnen.

„Wie gehen in den Restemarkt" erfuhren die beiden.

„Was ist der Restemarkt?" fragte Cornelius.

„Dort gibt es Sachen, die keiner will."

„Interessant", dachten die Kinder und kletterten ins Auto.

Cornelius und Constantin bekamen jeder zwei Euro in die Hand.

„Wer den größten Mist kauft, hat gewonnen."

„Was ist Mist?" der Kleinere hatte noch keine Vorstellung, aber der Größere erklärte ihm:

„Alles was in unserer Flohmarktkiste ist, ist Mist."

„Ach so."

Der Wettbewerb startete.

Die Aufgabe erwies sich als gar nicht so einfach. Gleich im ersten Regal am Eingang befanden sich Porzellan-Aschenbecher in der Form eines alten Schuhs und Plastikblumen, deren Blätter zum Teil schon zum Boden gefallen waren. Im Restecenter war schon der Herbst angekommen.

Die Kinder und Andreas liefen Regal um Regal ab, nahmen Sachen in die Hand, aber tauschten sie alsbald gegen andere aus.

Es dauerte auch eine ganze Stunde, bis es galt, den Sieger zu küren.

Cornelius schleppte eine kleine Ente aus Ton an, deren Hals herunter hing. Auf der blauen Hose stand mit dünner weißer Schrift „Happy Birthday." Das weiße

Hinterteil schaute raus und streckte sich in die Luft.
Die Farbe war an der Spitze abgeplatzt.

„Die kann man ins Regal stellen und der Hals hängt
über die Kante runter, hat die Verkäuferin gesagt",
erklärte er seinem Bruder.

„Das Personal hier ist gut geschult", dachte Andreas.
„Eine perfekte Kundenorientierung."

Constantin interessierte sich nicht für die Ente. Er hob
seinen Fund in die Höhe und rief „Sieger, ich habe den
größten Mist gekauft."

„Leise", sagte Andreas, „nicht so laut. Es braucht ja
nicht jeder im Laden mitbekommen."

Auch er hatte sich für ein Naturthema entschieden: ein
kleines liebevoll gearbeitetes Vogelnest aus Plastik.
Die Vögel waren bunt und einer hatte einen
abgebrochenen Schnabel. Das Ganze war auf einem
kleinen Plastikkasten mit vier Batterien angebracht,
damit sich das Nest drehte, wobei die Schnäbel
rhythmisch auf und zu gingen und krächzten. Einer der
sich nicht mehr bewegte, krächzte dafür aber umso
lauter.

Andreas hatte sich für einen kleinen grünbraunen
Plastikalligator entschieden. Dieser stand auf einer
halben Kokosnussschale, hatte eine Lederhose und ein
kariertes Hemd an und hielt einen bunten gestreiften
Regenschirm in die Luft. Auf dem Rücken hatte er
einen kleinen Schlitz, der zum Sparen aufrief. Beim
Einwerfen der Münze öffnete und schloss sich das
zahnlose Maul.

Das Vogelnest gewann knapp vor dem Alligator.

Cornelius Ente bekam einen Trostpreis. Cornelius konnte mit seinen sechseinhalb Jahren auch noch nicht über die Erfahrungen eines Erwachsenen verfügen, trug aber schon die besten Ansätze in sich.

Die Kassiererin lächelte wohlwollend, als sie die Objekte einscannte. Hier hatten drei Kunden das Geschäftsprinzip des Ladens voll erkannt. Der Flohmarktkarton zu Hause war um drei Teile reicher.

Der Feudelbob zieht ein

Es war mal wieder Zeit. Mit voraussehbarer Regelmäßigkeit versuchte das Trio eine Haushälterin zu finden. Alle bisherigen Versuche waren nur von kurzer Dauer gewesen, aber Aufgeben kam nicht in Frage.
Am Abend saßen die Drei am Tisch. Cornelius und Constantin saßen mit Andreas an Tisch und halfen eine neue Anzeige zu entwerfen.

Sie hatten Glück. Eine Frau mit Referenzen meldete sich, und entpuppte sich bereits am ersten Tag als Haushaltswunder. Die Perle vor dem Herrn. Sie legte ungebremst und dynamisch los.
„Wer putzt heute noch mit Schrubber und Spiritus?" fragte sie ganz entrüstet. Er stimmte Ihr zu.
„Kennen sie den *Feudelbob Pro?*" Ich habe sämtliche Produkte aus dem Hause *Feudel. Feudelbob Pro. FeudelwindowExtra, Feudelwhipper Expert* und vor allem den *FeudelVac.*"
Der Nachbar von Frau Silberschmied war Vertreter für *Feudel&Co.* Sie bestellte munter drauf los und bekam Prozente. Andreas bekam einen Schreck, was das kostete.
Eine Woche später kamen die Sachen. Er stellte den Schrubber neben den *SuperCleaner* im Keller und schob die Spiritusflaschen nach hinten. Nun hatte er Platz. Auch für die *Feudel-Filterpartonen* und *Feudel-Microaufsätze.*
Frau Silberschmied legte los. Ungebremst. Der *FeudelVac* saugte mit schrill klingenden 20000

Umdrehungen. Ein Geräusch wie beim Zahnarzt.

„Er besitzt einen Zyklon aus der Raumfahrttechnik", sagte Frau Silberschmied. Frau Silberschmied bekam einen Hausschlüssel. Die Raumfahrttechnik mit den sie begleitenden schrillen hohen Tönen konnte nun tagsüber Einzug nehmen. Wenn niemand da war. Außer Frau Silberschmied. In Ihren Ohren war dies Musik.

So ging es drei Wochen lang. Leider folgte Frau Silberschmied völlig unerwartet ihren geheimsten Wünschen und wurde Vertreterin für *Feudel&Co*.

Ihre Kündigung war ein herber Verlust, da sie die Einzige war, die die Maschinen bedienen konnte. Er stellte den *FeudelVac* in den Keller neben das Regal. Der Kellerraum sah mittlerweile aus wie auf einer Haushaltsmesse.

Er beschloss, irgendwann mal ein Buch zu schreiben. Ein Fachbuch über die Geschichte des Putzens. Vom Reisigbesen zur Raumfahrttechnik.

Der Hauptgewinn

Nach den letzten Erlebnissen wurde Andreas klar, dass ein Kennenlernen über das Internet nur sehr schwer möglich ist. Es kam ihm vor wie bei Katalogware. Erst wenn man das Produkt in echt sah, sah man den Unterschied. Er beschloss für sich, öfters auszugehen. Am Besten irgendwohin, wo sich Singles tummeln. Auf Singleparties.

Er las eine Anzeige von *Quicklove*. *Qicklove* lud zum Tanzen. Mit Glücksrad. Zuerst wollte er gar nicht weggehen, aber dann stand Marco plötzlich vor seiner Haustür. Herausgeputzt wie zum Abschlussball und zog ihn am Ärmel. „Los, komm mit, wir gehen ins *Golden Diamond*, dort ist heute Singleparty mit großer Tombola."

„Ich brauche keine Tombola und von diesem ganzen Single-Zirkus habe ich mittlerweile die Nase voll. Alle stehen blöd herum und wenn man versucht sich zu unterhalten, schauen sie einen an, als ob sie abwägen wollen, ob sie einen heiraten wollen und wie viele Kinder du ernähren kannst."

„Das ist doch Blödsinn", sagte Marco und schob ihn durch die Tür ins Haus. „Du ziehst dir jetzt etwas Feines an und wir marschieren los"

Andreas zog sich um und kam mit völlig verstrubbelten Haaren zurück. Er sah aus wie ein explodierender Staubbesen.

„Was ist denn das?" Marco ging einmal um ihn rum.

„Das nennt man out-of-bed-look. Die Friseuse hat mir gesagt, das ist zurzeit völlig in. Am Besten fixiert man das Haar gleich, wenn man aufsteht. Ich habe jetzt immer Haarspray und Gel griffbereit auf dem Nachttisch liegen."

Marco ging um Andreas herum: „Ja spinnen die denn alle."

„Die wird es wohl besser wissen, die ist Meisterin."

Im *Golden Diamond* war eine lange Schlange vor der Tür und alle standen zitternd da, bis Einlass war. Im kleinen Vorraum neben der Garderobe war die Kasse.

„Hier bekommt ihr ein Bändel um das Handgelenk. Alles ist inklusive", sagte die nette Frau und gab das Wechselgeld heraus.

„Ich will kein Band", sagte Andreas und fuhr weiter. „Ich bin doch nicht auf der Vogelstation. Ich lasse mich von niemand und nirgends beringen."

Die anderen Besucher warteten geduldig hinter ihm.

„Aber jeder hat ein Band" versuchte die Frau ihn zu überzeigen.

„Ich bin nicht *jeder* ", machte ihr Andreas klar.

„Aber der Chef hat gesagt, ..."

Marco unterbrach sie. „Mein Freund hat eine Plastikring-Allergie."

Andreas durfte ohne Ring hinein.

Vor der Tür zum Tanzsaal stand das Glückrad. Das Objekt des Interesses.

Andreas und Marco schauten dem Treiben davor zu.

Die Leute die gewannen reagierten sehr unterschiedlich. Manche freuten sich über Gewinne wie ein Rohrspatz und hätten am liebsten eine große Anzeige in der Zeitung aufgeben: Hier sehen sie den Gewinner, einen Menschen, dem das Glück hold ist.

Und alle hätten einen richtigen Grund diesen Menschen zu beneiden. Neid kennt keine Grenzen. Es reicht schon ein Kugelschreiber.

Aber es gab auch die stillen Gewinner, die sich umschauten, ob auch ja niemand etwas gemerkt hat. Sie schlichen sich gebückt und misstrauisch weg. Zeitgenossen, die ihren Gewinn nach Hause trugen, wie ein Eichhörnchen die Nüsse ins Winterversteck. Sich immerzu umschauend, ob ein Neider in Angriffslaune lauert.

„Lasse uns was gewinnen". Marco war begeistert.

„Die Hauptgewinne sind noch alle da."

Schon hatte Marco bezahlt und drehte mit einem riesigen Schwung das Rad an.

„Yeahhhh", rief er.

Andreas war das Verhalten peinlich.

„Du meinst wohl, wenn du wie ein Verrückter drehst, gewinnst du eher?"

Bemerkte er trocken:

„T r r r r r r r r r r r r ...". Das Rad hörte gar nicht mehr auf sich zu drehen.

„... r r r r r r r r r r r rt tr rt tt."

Der Zeiger stand zwischen zwei Feldern, drehte sich unendlich langsam weiter, wollte gerade halten, und „rt" schnappte noch ein Feld vor. Vom Feld mit der Aufschrift Ballettkarten zum Feld Trostpreis.

Marco gewann den Trostpreis, einen Kugelschreiber auf dem *Quicklove* stand.

Die Frauen, die sich mittlerweile im Eingangsbereich eingefunden hatten, beobachten Marco, wie er den Kugelschreiber einsteckte.

Eine große knackige Blondine stand ganz vorn, direkt

neben ihm und schaute ihn an, als ob sie gleich laut sagen würde: „So sieht der Typ aus. Der steckt doch auch wirklich alles ein, was er umsonst kriegt."

„Man darf niemals eine Frau wissen lassen, dass man einem Plastikkugelschreiber besitzt", dachte Andreas. Vor allem nicht so eine edle und hübsche Blondine"

„Jetzt drehst du" stupste Marco Andreas in die Seite. „Jetzt du. Los mache schon."

Andreas war das peinlich. Vor so vielen fremden Leuten im Rampenlicht zu stehen. Alle würden genau beobachten, wie er das Glücksrad anstieß.

War es zu zaghaft, bekäme er ein Weichei-Image, und wenn er es zu schwungvoll drehte, dachten alle sicher, er sei ein unsensibler Grobian.

Es gab eigentlich gar keine richtige Art, in Anwesenheit von Frauen ein Glücksrad richtig zu drehen.

Andreas drehte und machte es, wie zu erwarten natürlich falsch. Es war nicht die Eleganz, mit der er das Rad anschubste oder der dazu erforderliche und passende Gesichtsausdruck, nein, es war das Ergebnis.

Es passierte etwas, mit dem niemand gerechnet hätte. Das Rad drehte sich, und drehte sich und drehte sich, knatterte immer langsamer und langsamer und blieb auf einem bunt gestreiften Feld stehen.

Die junge Frau, die das Glückrad verwaltete, starrte entsetzt auf das Feld. Auf dem Feld stand *BS*.

Sie drehte sich zu Ihrer Kollegin an der Garderobe um und rief: „Mimi, du wirst es kaum glauben, der Typ hier hat das *BS* gewonnen. Der kommt einfach und sahnt das *BS* ab. Schaue dir den mal an."

Sie schaute Andreas an: „Weißt du was du da

gewonnen hast?

„Nö", sagte Andreas, Unheil ahnend.

„Das *BS*. Das *Beautyshooting*. Ein ganzes Wochenende im Lifestyle-Center mit Visagistinnen Behandlung und Hairstyling."

„Ich war aber gerade beim Friseur", bemerkte Andreas sich fast schon entschuldigend.

„Weißt du, wie viele Frauen davon träumen. Einmal im Leben Beauty-Shooting mit Visagistin und Hairstyling"

Sie wiederholte die Worte extra laut, damit sie auch alle Frauen im Vorraum hören konnten. Dabei hob sie eine Mappe hoch, auf der drei bildhübsche Frauen abgebildet waren.

Die Mappe wurde Andreas in die Hand gedrückt. Die Frauen im Vorraum umringten und erdrückten ihn fast. Aber das Interesse galt nicht ihm, sondern der Mappe. Darauf stand in großen goldenen Buchstaben: *My Beauty-Shooting*.

Das Wort *My* war in Gold geschrieben. *My*, das war jetzt er, Andreas.

Von allen Seiten kamen Kommentare.

„Oh mein Traum",

„Ich war noch nie auf einem Shooting",

„Das habe ich mir immer gewünscht."

Von weiter hinten kamen die eher kritischen Kommentare:

„Was will den der mit so einem Preis."

„Es trifft doch immer den Falschen."

Die Blicke waren nun auf ihn gerichtet.

Andreas trat langsam zurück, drehte sich und dachte nur noch: „Nichts wie weg."

„Du hast die Mappe vergessen", sagte Marco. Andreas drehte sich um und nahm sie an sich.

„Ich werde sie meiner Sekretärin schenken, die wollte schon immer Bilder von Ihrer Katze."

„Bist du wahnsinnig, die werden dich hier lynchen." Marco zog ihn am Arm weiter.

Marco tanzte. Andreas stand an der Bar und trank den obligatorischen *Golden Diamond*. Die Mappe lag vor ihm. „Es doch alles verrückt" sinnierte vor sich hin. „Ich fühle mich wie in einem Film."

„Hey, Junge. Auf geht's."

Marco packte ihn plötzlich von hinten und schüttelte ihn kurz durch.

„Alles voll von süßen Miezen hier. Du musst dich ins Getümmel schmeißen."

„Lieber noch einmal am Glücksrad drehen", hellte sich Andreas Gesicht auf. Heute ist mein Glückstag.

„Ja aber nur kurz" meinte Marco.

Vor dem Glückrad stand Mimi.

„Was willst denn du hier schon wieder"

„Ich, ... also, ich wollte noch einmal drehen."

„Du kannst doch nicht den ganzen Abend hier rumdrehen. Du könntest die Anderen vielleicht auch mal ranlassen."

„Aber ich habe doch erst einmal."

„Das langt auch." Mimi stellte sich zwischen Andreas und das Rad.

Ihre Kollegin entspannte die Situation und klärte Mimi darüber auf, dass jeder der zahlt auch so oft er möchte am Rad drehen kann.

„T r r r r r r r r r r r r r", Andreas hatte ausgeholt.

„r r r r r r r r r r r r rt tr rt tt."
Der Zeiger blieb auf einem rosa Feld stehen.
Auf dem Feld waren zwei Herzchen abgebildet.

„Ich werde verrückt" entfuhr es Mimi. „Ich werde
hierauf der Stelle verrückt. Das darf doch nicht wahr
sein. Das darf es einfach nicht geben."

Andreas überlegte, was die zwei Herzen wohl
bedeuteten.
Mimi japste. „Der Typ hier der macht uns alle fertig.
Das ist der zweite Preis, der Love-Preis. Zwei Karten,
Mozart. Loge. Cosi fan Tutte."

Andreas betrachtete die Karten.
„Eigentlich bräuchte ich ja drei. Ich bin zu dritt."
Er drückte Mimi ein Eurostück in die Hand:
„Bitte noch einmal drehen."
Mimi kniff die Augen zu.
Es kam das Jahresabo von Quicklove, inklusive ein
großer Strauss roter Rosen.

Es geht auf Dienstreise

Andreas musste los. Für eine ganze Woche. Nicht zum Dating oder Einkaufen sondern weit weg, in die USA. Das Taxi kam um 4 Uhr morgens und Andreas hievte die Koffer hinein. Die Kids waren gut untergebracht, beziehungsweise die angereiste Oma. Denn das doppelte C hatte ihm versprochen, solange Papa in den USA ist, auf Oma gut aufzupassen, Gott sei Dank mal raus aus dem Laden, dachte er und fiel auf der Fahrt zum Flughafen in einen tiefen Schlaf.

Das Prozedere auf dem Flughafen kannte er. Vor dem Schalter war eine lange Schlange und man konnte sich nirgends anlehnen oder setzen. Nirgends weiterschlafen. Um ihn herum dynamische Leute. Jung, dynamisch und die Karriere im Blick. Andreas mochte keine Menschen, die schon so früh am Morgen die Karriere im Blick hatten. Er träumte von einem großen Kaffee, Honigbrötchen und davon wieder ins Bett zu gehen. Hinter ihm unterhielten sich zwei Geschäftsfrauen über Sushi-Rezepte, rohen Thunfisch, Lachs, kalten Reis in grünen Algen. Andreas wurde schlecht.

Der Schalter öffnete. Vor ihm stand eine ewig lange Schlange. Die ganze Welt schien sich vor ihm versammelt zu haben. Seinen grauen Koffer stellte er auf das Fließband neben dem Schalter. Auf dem Koffer war auf beiden Seiten ein großer nicht zu übersehender Aufkleber mit einer Mickymaus. Der elegante Herr hinter ihm im grauen Mantel hatte einen ähnlichen Koffer. Ohne Aufkleber. Er sah Andreas mitleidig an.

Andreas bekam einen Fensterplatz. Am Fenster konnte man immer gut schlafen und muss nicht ständig aufstehen, weil alle fünf Minuten irgendeine nervöse Person auf die Toilette muss. Einmal hatte er einen Platz in der Mitte, und ein Mann versuchte, über ihn herüberzusteigen. Er hatte noch wochenlang blaue Flecke.

Andreas war *Frequenz Foyer* und hatte die goldene Vielreiser-Karte in Platin mit einem goldenen Stern. Diese hatte er aus den alten Zeiten herübergerettet. 52-mal musste er für diese begehrte Karte fliegen. Aber das war damals im früheren Leben. Mit der Karte durfte er in die Business Lounge. Hier trafen sich die Auserwählten, die kein zu Hause hatten. Die immer unterwegs waren, um die Wirtschaft voranzutreiben. Der kleine goldene Stern auf der Platinkarte berechtigte Andreas in der Business Lounge umsonst Erdnüsse zu essen. Diese waren in kleinen Tüten verpackt. Immer zehn pro Tüte. Sie erinnerten ihn an den Kinderverkaufsstand, den Cornelius letztes Jahr zu Weihnachten bekam. Die meisten hier aßen sie. Das gehörte dazu. Die Zeit bis zum Abflug vertrieb er sich damit, mit den Erdnüssen Muster auf einer kleinen Papierserviette zu legen. Die Businessmenschen in der Lounge sahen alle wichtig aus und steckten sich, wenn sie sich unbeobachtet fühlten, mehrere Tütchen Erdnüsse in die Taschen. Andreas sah müde aus.

Dann wurde eingecheckt. Die Menschen drängelten.

Sie dachten wohl, so kämen sie schneller in die USA. Aber drängeln ist ein Zeichen für Dynamik. Hier konnte jeder der wollte zeigen: Zeit ist Geld.
Dann saß er endlich am Fenster, machte die Augen zu und schlief selig ein. 6000 Kilometer. Das musste langen, um sich von zu Hause zu erholen.

Ausgeruht und voller Elan betrat er die neue Welt. Er musste nur noch seinen Koffer holen und dann ging es los. Auf dem Fließband kamen hunderte grauer Koffer an. Irgendwie sahen alle ähnlich aus. Alle starrten auf das Band. Welcher gehörte wem. Eine Herausforderung. Andreas erkannte seinen sofort. Die Mickymaus lachte Andreas schon von Weitem an. Neben ihm irrte der elegante Herr im Mantel umher und fragte, wo sein Koffer ist. Andreas schaute ihn mitleidig an.

USA ist das Land der unbegrenzten Möglichkeiten. Kaum angekommen hatte er schon die erste Möglichkeit am Donuts-Stand unter 25 verschiedenen Sorten zu wählen. Dann ging es mit der U-Bahn ins Hotel. Das Hotel war riesig und roch nach Chemie. Er bekam ein Zimmer mit zwei riesigen Kingsize Doppelbetten und dachte sich was für eine Verschwendung. Der Pilotenkoffer landete auf dem Bett und er machte den Fernseher an.

Es war eine Sendung des täglichen Lebens. Eine übergewichtige Frau kam eine Treppe herunter und setzte sich zwischen zwei kleine schmächtige Männer. Einer schien der Geliebte zu sein, der andere der Mann. Der Moderator stand davor und provozierte.

Der eine Mann ging nun auf den Anderen los, die Frau dazwischen. Das Publikum grölte. Die Programmgestalter hier wussten, wie man das Volk unterhält.

Andreas schaltete um. Ein durchtrainierter Mann machte Übungen an einem Trimmgerät. So einen Bauch wollen die Frauen sehen. Und das alles erreichbar mit *3 easy payments* zu *17 Dollar 50*. Ganz einfach.

Schlafen konnte Andreas schlecht. Gegen drei Uhr früh schlief er wieder ein, musste aber um 6 Uhr aufstehen und los um alles vorzubereiten. Er musste trainieren. Wissen vermitteln. Nur wenige aus der Firma hatten die Ehre trainieren zu dürfen. So packte er seine Pilotenkoffer mit den zwei dicken Ordnern und fuhr in das Untergeschoss des Hotels. Zu den Schulungsräumen. Er kam sich einsam vor, wie er den langen Flur entlang ging. Die einzige Person hier war ein kleiner Mexikaner mit einem seltsamen Sprühgerät auf dem Rücken um den Teppich einzunebeln. Er trug einen Mundschutz. Andreas hielt die Luft an. Seine Augen begannen etwas zu brennen. Was für Kakerlaken schädlich ist, kann für Menschen nicht gut sein. Er musste vorsichtig sein.

Er ging zum Schulungsraum. Dort saßen bereits zwei Inder. Sie hatten ihre zwei Ordner auf dem Tisch ausgebreitet und allerlei Passagen farbig angestrichen. Dabei diskutierten sie den Inhalt. „Was für fleißige und disziplinierte Leute es doch gibt", dachte Andreas und grüßte: „*Hi. I am Andreas from Germany. Your Trainer.*" Die Inder verbeugten sich freundlich und machten irgendwelche Notizen in ihren Blöcken.

Andreas baute seinen Laptop auf, legte die Ordner auf den Tisch und beschloss Frühstücken zu gehen. Er hatte noch eine halbe Stunde Zeit.

Pünktlich um 8 war er zurück. Die Inder hatten mittlerweile die zwei dicken Ordner durchgearbeitet und in einem Block weitere Notizen gemacht. Es fehlten noch drei Teilnehmer. Die anderen saßen schon da. Aus der ganzen Welt kamen sie. Die Firma war ja groß und sozusagen überall. Amerikaner, Franzosen, Engländer, Chinesen, Japaner.

Andreas stellte sich bei den Teilnehmern vor. In den USA spricht man auch gerne über banale und persönliche Sachen. Man nennt das small-talk. Aber er vermied es hier zu erwähnen, dass er in einer Wohngemeinschaft mit seinen beiden Kids lebt. Es würde irgendwie nicht passen. Man wusste nie, wie die Reaktion sein würde. Mitleid oder Bewunderung. Alles war möglich.

„Lassen Sie uns auf die restlichen Teilnehmer warten", sagte Andreas in tadellosem Englisch und schaute zur Tür. Herein kam ein übergewichtiger Mann, der ein Tablett mit vier Schokodonuts, einer riesigen Tüte Popcorn und drei Dosen Cola balancierte. Die Laptoptasche hing um die Schulter und seine beiden Ordner hatte er unter den Armen eingeklemmt. Langsam quetschte er sich zwischen den Tischen durch und das Popcorn krümelte auf den Boden. „Wie mit den Kindern zu Hause", dachte Andreas.

Der Dicke hatte nun den leeren Platz im hintersten Eck

erreicht, machte eine gekonnte Drehung, beugte sich leicht nach hinten und setzte das Tablett geschickt auf den Tisch auf. Das Tablett schien ihm sehr wichtig zu sein. Dann setzte er sich, um erst einmal tief durchzuatmen.

Die Ordner stellte er auf den Boden und nahm den Laptop aus der Tasche. Man sah ihm an, dass er nachdachte. „Wohin mit dem Laptop?" Er betrachtete den Tisch und schien zu überlegen, wo der Laptop noch Platz hätte, legte ihn dann ungeöffnet auf die Knie und beschloss erst einmal eine Dose Cola aufzumachen.

Die Dose zischte und die Cola spritzte in hohem Bogen auf die Tastatur des Laptops seines Sitznachbarn. Dieser sprang auf. Die Inder am Nachbartisch beobachteten das Ganze aufmerksam. Nun konnte es losgehen.

Die Teilnehmer stellten sich erst einmal gegenseitig vor. Links vorne ein zackiger Canadier „*I am John from Ontario*." Sein Nachbar kam aus den USA und stellte sich ausführlicher vor. Er murmelte etwas von Joe, Texas und Houston. Man konnte ihn schwer verstehen, da er leise sprach und Kaugummi kaute. Neben seinem Namen und der Herkunft murmelte er den anderen Teilnehmer noch etwas vom Farmerleben und Kühen, Autorennen und Fischen-gehen vor. Die Ersten begannen zu gähnen.

Danke sagte Andreas höflich.

Als Dritter eröffnete ein großer schlanker Engländer den anderen Einblick in sein Leben und legte besonders Wert darauf, dass auch alle mitbekamen, dass er in Oxford studiert hatte. Er war schon 25 Jahre bei der Firma und begann nun damit alle Karrierestationen zu beschreiben.

Andreas unterbrach ihn höflich, nachdem er die ersten fünf Jahre geschildert hatte, und teilte den anderen mit, es lange den Namen und die Herkunft zu nennen. Die kleine Chinesin, die sich jetzt vorstellte, nahm das exakt: „*Lu. Nanjing.*" So ging es flott voran.

Der Dicke hatte mittlerweile das Popcorn weggeputzt und erzählte, dass er Bill heißt, aus Boston kommt und gerade eine Diät macht. Da es zwei Bills gab, nannten ihn ab dann alle anderen Boston-Bill. Er sprach deutlich, obwohl er einen Donut kaute. Er hatte Übung darin, gleichzeitig zu kauen und zu sprechen.

Zu trainieren kann sehr anstrengend sein. Dass wusste Andreas aus Erfahrung. Er hatte schon oft irgendwo geschult.

Besonders lustig und eine Herausforderung waren die Aussprachen. Ganz hinten saß ein David aus Louisiana. Er begann jeden Satz mit "*Eitalljawatt*". Was soviel heißen sollte wie „*I will tell you somewhat.*" Der Rest war genauso schwer zu verstehen und alle rätselten.

Alle Teilnehmer hatten auch gelernt, dass man niemand unterbrechen darf, wenn jemand redet. Ashley aus Chicago nutzte das richtig aus. Endlich hörte Ihr jemand zu, ohne sie zu unterbrechen. Sie erzählte über ihre Abteilung und dass dort ja alles super klappen würde. Auch später gelang es ihr jedes mal geschickt das Thema auf Ihre Abteilung zu bringen, und wie toll es dort war.

Der dicke Boston-Bill entpuppte sich als Organisationstalent. Er befand sich ständig irgendwie auf Nahrungssuche. Wenn er mal den Raum verließ, um auf die Toilette zu gehen, konnte man sicher sein, dass er Neuigkeiten mitbrachte. Die Tür ging auf und da stand er mal wieder. Mitten in der Übung. Mit einer riesigen Packung Eis und rief fröhlich: *„Hey, it is time for icecream.*" Mal war es Eis mal waren es Erdnüsse. Fast alle sprangen jedes Mal auf. Außer die beiden Inder und der Kollege aus Oxford. Sie ließen sich nicht beirren und machten die Übungen zu Ende.

So ging der erste Tag vorüber. Andreas ließ sich aufs Bett fallen, sprang dann unter die Dusche. Er rief zu Hause an. Es war wieder Post vom Anwalt gekommen. Dann ging er ins Foyer. Die anderen warteten schon.

Es war üblich, dass der Trainer abends zum Essen einlädt. 24 Leute. Er reservierte einen Tisch im Sportrestaurant. Dort war eine überdimensional lange Theke, an der alle nebeneinandersitzen konnten. An der Wand oben hingen dutzende Fernseher mit unterschiedlichen Sportkanälen. Es war himmlisch. Die Kollegen konnten Ihre Begeisterung nicht verbergen und klopften Andreas nach dieser ausgezeichneten Wahl des Restaurants auf die Schulter. *„Great, Excellent, Fabulous.*" Auf der Speisenkarte standen sechs verschiedene Hamburger und Pommes Frites. Diese wurden in großen Behältern auf die Theke gestellt. So groß wie Wäschekörbe. Es

89

herrschte ein Höllenlärm und jegliche Unterhaltung war unmöglich. Andreas kam sich vor wie eine Kugel in einem Flipperautomaten. Auf den Platz neben ihm hatte Boston-Bill Platz genommen und kaute. Der Hocker war stabil und für sportliche Typen wie ihn ausgelegt. Boston-Bill schnaufte. Sein starkes Übergewicht schien ihm zu schaffen zu machen.

Plötzlich johlte er auf und fuchtelte in Richtung eines Monitors. Ein Haufen Männer hatten einen riesigen Knoten gebildet und ein Schiedsrichter hüpfte daneben rum. Das ist Sportsgeist.
Mit den Armen wild herumfuchtelnd erzählte Boston-Bill, dass er früher sehr sportlich gewesen war, und bestellte eine riesige Schale mit Guacamole Soße und eine noch Größere mit Taco Chips. Jeder Chip wurde in die Soße getaucht dann in den Mund gestopft. Seine rhythmischen Handbewegungen glichen einem Metronom. Im Sekundentakt verschwanden die Chips.

Mittlerweile hatte er schon die dritte Schale abgearbeitet. „Du hast doch heute gesagt, du machst eine Diät?" Fragte Andreas verwundert. „Ja" erwiderte Boston-Bill. Nur gesunde Nahrung. Getreide und Gemüse. Taco-Chips und Guacamole. Bill bestellte den zweiten Gang. Salat mit vier Portionen Dressing. Um dem Salat Geschmack zu geben, klärte Boston-Bill Andreas auf. Das amerikanische Wort war tasty.

Der Profidater

Andreas saß mal einsam und ein wenig traurig im riesigen Esszimmer und schaute durch die große Terrassentür durch in die Nacht. Die Liebe seines Lebens hatte er noch nicht gefunden.
Ob es wohl Leben da draußen gibt. Irgendwo auf einem Stern. Alleinerziehende Singles, die jetzt auch vor einer Bierflasche sitzen und das Gleiche denken.
Andreas interessierte sich für Astronomie. Die Amerikaner hatten eine goldene Postkarte ins Weltall geschickt. Die Amerikaner wollten überall die Ersten sein. Auf der Karte waren ein Mann und eine Frau abgebildet, ein Pärchen ohne Kinder. Vielleicht sollte man noch eine Karte mit nur einem Mann und zwei Kindern darauf hinterherschicken, damit sie wussten, dass es hier auch allein erziehende Väter gibt.
Die Menschheit suchte Leben da draußen. Die ganze Menschheit fühlte sich einsam im Universum. Vielleicht gab es da draußen ja wirklich einen Planet der aussah wie die Erde. „Irgendwann wird es auf der Erde aussehen wie auf dem Mars", dachte Andreas. „Alle arbeiten ja kräftig daran, dass die Natur zugrunde geht. Dann sieht die Erde aus wie der Mars und alle werden rufen: „Da draußen gibt es einen Planeten, der sieht aus wie unsere verhundste Erde". Aber das würde noch dauern.

Sein Freund Gustavo machte sich diese Gedanken sicher nicht. Gustavo dachte nicht so tiefgründig wie Andreas. Andreas beneidete ihn.
Gustavo war braungebrannt, hatte ein großes Segelboot und war immerzu auf Achse. Immerzu

schwärmte er von seinen neuen Freundinnen. Diese wechselten monatlich.

Gustavo war ein Powerdater.

Man hörte nur Gutes über ihn und seine Freunde sagten über ihn anerkennend: „Der hat's drauf. Der weiß, wo der Hase, beziehungsweise die Häschen lang laufen.

Er hatte auch Einiges in die Grundausstattung investiert und besaß mehreren hochmodernen Handys und einen Laptop, den er immer Auto hatte. Mit den Handys konnte er sich auch, wenn er unterwegs war, jederzeit im Internet in die Dating-Börsen einwählen. So ausgestattet konnte unterwegs nicht nur SMS schicken, er konnte auch eMails sowohl lesen als auch schreiben. Längere eMails schrieb er auf dem Laptop. Dort erfolgte auch die Verwaltung. Geordnet nach Haarfarbe und Größe.

Wenn Andreas mit ihm unterwegs war, klingelte oder piepte es ständig aus irgendeiner Tasche seiner Jacke. Er hatte sich extra von seiner Mama vier zusätzliche Taschen in die Jacke einnähen lassen. Drei für die Handys und eine für die Ersatzakkus. Gustavo konnte sich aber im Gegensatz zu Beispiel Andreas auch voll auf das Dating konzentrieren, da er ja noch bei Mama wohnte und abends nicht für Kinder kochen musste. Nur eins durfte sie nicht, nämlich ans Telefon gehen, das hatte ihr Gustavo verboten.

„Ich werde dir mal Beibringen, wie man heute Frauen erobert", sagte zu Andreas. Da gibt es so Tricks, dann klappt das wie am Schnürchen.

Morgen wollte ihn Gustavo in die Geheimnisse seines Erfolges einweihen.

Gustavo war ein guter Freund und ermunterte Andreas, sich ein bisschen mehr zu engagieren.
„Ich zeige dir erst mal ein paar bombensichere *Locations*. Die musst du kennen lernen. Wir gehen zuerst zu Flavio, dem Italiener. Die Pizzas und erst die Frauen! Die musst du gesehen haben"

Am nächsten Abend trafen sie sich beim Italiener,
Vor dem Lokal wurde Andreas von Gustavo eingewiesen:
„Erzähl bloß nicht wieder, du schreibst ein Buch. Da haben die Ladies total schlechte Assoziationen. Von rauchenden unrasierten Männern, die sich bei Ihnen einnisten, und den Kühlschrank leer fressen.
Und bitte erzähle keiner vom alleinerziehenden Vater. Auf gar keinen Fall. Die denken sofort du läufst zu Hause in alten Latschen rum und bist ein arbeitsscheues Weichei, das lieber Windeln wechselt und Möhrenbrei kocht, anstatt draußen in der Welt seinen Mann zu stehen.
Außerdem hast du ruckzuck eine Pädagogin am Hals oder noch schlimmer: eine kinderlose Mitvierigerinnen, die innerhalb kürzester Zeit an Cornelius und Constantin das Nachholen wollen, was sie gedacht haben, bisher in ihrem eigenen Leben versäumt zu haben. Du möchtest doch nicht etwa eine Lehrerin kennen lernen?"
Andreas schüttelte erschrocken mit dem Kopf.

Sie betraten das Lokal. Bereits an der Garderobe

standen zwei von Gustavos Favoritinnen und es gab Küsschen links und rechts auf die Wange. Gustavo hatte einen strategisch günstigen Tisch auf der kleinen Empore vorbestellt.

Sie wollten gerade hingehen, als es in Gustavos Jacke unüberhörbar laut klingelte. Er fingerte das Handy raus. Es war das Falsche. Er suchte das Zweite, nahm ab, sagte „ciao, bella Donna." Dann ging er mit dem Handy weg und deutete Andreas an sich schon mal zu setzen.

Andreas blätterte in der Speisenkarte. Es dauerte eine ganze Weile, bis Gustavo zurückkkam. Bestens gelaunt.

„Es war Susa, ein Traum von einer Frau. Lange Beine, groß und blaue Augen wie eine wilder Leopard."

"Aber Leoparden habe doch gelbe Augen" meinte Andreas.

„Doch nur vom Ausdruck her", sagte Gustavo und fragte: „Und schon was entdeckt?"

„Ja, die Scampis sehen gut aus, sagte Andreas.

„Ich meine doch ein Häschen!"

„Nein noch nicht", sagte Andreas und schaute sich um.

„Doch nicht so auffällig. Die Frauen dürfen das nicht merken. Die Gazellen merken, wenn die Löwen hungrig sind", lehrte ihn Gustavo.

Andreas konnte sich das gut vorstellen. Er hatte einen Film über Afrika vor Augen. Die Gazellen hüpften dort aufgeschreckt in weiten Zickzacksprüngen durch das hohe Steppengras. Und hinter ihnen die Löwen. Groß hungrig und schwer liefen sie hinterher. Gustavo hatte recht, nur nicht aufschrecken.

Aber sie wollen doch sicher auch jemanden kennen lernen"

„Ja, aber nur so, dass Sie es nicht merken, dass sie gerade jemand kennen lernen will."

„Aha", sagte Andreas.

Gustavo blickte sich einmal kurz um, um dann leise aber aufgeregt mitzuteilen:

„Hast du gesehen. Die mit der weit ausgeschnittenen roten Bluse, ganz hinten am Tisch hat rübergeschaut. Wenn Sie noch einmal rüberschaut, heißt das, sie hat Interesse.

Aus Gustavos Jacke kam ein Piepsen. Es piepste zweimal und Gustavo hatte eine SMS bekommen.

Er schaute auf das Handy und. Per SMS wurde ihm mitgeteilt, dass er eine eMail im Postkasten hatte. Er stand auf und musste hinaus zu zum Auto. Auf dem Weg nach draußen schaute die Frau mit der roten Bluse ihm kurz nach.

„So lernt man Frauen kennen", dachte Andreas. „man muss sich nur nachschauen lassen."

Andreas bestellte ein Bier und wartete. Nach 5 Minuten kam Gustavo zurück.

„Es war Clarissa. Ich habe die eMail gleich beantwortet. Man muss schnell sein, wenn man sich auf diesem Markt behaupten will. Sie muss glauben, ich sitze zu Hause und mache nichts Anderes, als auf Ihre eMails zu warten, um sie gleich zu beantworten. Übrigens, wo ist mein Bier?"

Sie bestellten Gustavo ein Bier und zweimal die Scampis.

Gustavos Jacke piepste. Er schaute kurz aufs Handy steckte es aber wieder ein.

„Die kann warten."

Die Scampis schmeckten recht gut.

„Die dort hinten, neben der mit dem Tattoo auf dem Oberarm, hat schon zweimal zu mir rübergeschaut" beobachtete nun Andreas.

Gustavo schaute sich noch nicht mal um. „Das ist Margit. Die sitzt hier ständig rum und macht die Männer an. Sie wohnt mit zwei Hunden und drei Katzen in einer Zweizimmerwohnung. Als ich beim Frühstück bei ihr Marmelade aus dem Kühlschrank holen wollte, hat mich der eine Köter in die Hand gebissen."

„Das tut sicher weh", sagte Andreas und betrachtete Gustavos Hände. Auf der einen Hand war zwei kleine Narben. Andreas beschloss, auf keinen Fall eine Freundin mit Hund haben zu wollen.

Gustavo wurde auf einmal sichtlich nervös. „dort hinten. Nicht hinschauen. Dort sitzt meine absolute Traumfrau. So eine habe ich noch nie gesehen. Nicht hinschauen."

Er winkte die Bedienung her und sagte "Bitte dort hinten am Tisch. Die Superhübsche mit den langen braunen Haaren. Einmal das Übliche"

Die Bedienung verschwand in der Küche, kam mit einer langstieligen Rose hinaus und brachte sie der Braunhaarigen. Mit einer Geste zeigte er auf Gustavo, der ihr dieses Zeichen erster Gunst zukommen ließ.

Die Braunhaarige wurde rot, wurde verlegen und wusste nicht, wie sie sich verhalten sollte. Sie legte die Rose auf den Tisch. Hinter Ihr stand plötzlich ein Mann, der anscheinend zu Ihr gehörte und deutete auf die Rose. Sie deutete auf Gustavo. Der Mann ging ein paar Schritte mit verärgertem Gesicht auf Gustavo zu, drehte dann wieder um. Dann holte er die Mäntel und verließ mit seiner Frau das Lokal.

Gustavo war mittlerweile auf der Toilette und kam mit Neuigkeiten zurück. „Ich habe gerade vor der Toilette zwei Bella Signorinas kennen gelernt. Ich habe bereits alles organisiert. Wir gehen gleich zu viert ins Golden Diamond. Dort ist heute Flirtparty." Er schaute kurz an Andreas hinunter: „So kannst Du dort aber nicht hin.
Hast Du noch was anderes dabei?"
Andreas verstand nicht gleich.
„Ja etwas anderes, das Outfit muss stimmen, aber egal. Wird schon gehen."
Gustavo hatte immer mehrere Outfits im Auto. Man konnte ja nie wissen, wo es hinging.

Andreas beglich die Rechnung.
Auf dem Weg nach draußen kamen drei kleine Kinder hineingestürmt und riefen der Frau mit der weit ausgeschnittenen roten Bluse zu „Mama, Mama …"
Man kann nie wissen", sagte Gustavo.

Draußen standen die beiden Italienerinnen und stellten sich vor.
„Alessia."
„Andrea."
Gustavos Jacke klingelte. Er sah kurz aufs Handy.
„Geht schon mal vor ins Golden Diamond, ich muss noch etwas erledigen, aber ich komme gleich nach."
Gustavo tippte auf seinem Handy herum, während er

97

sich in eine rote Samtjacke zwängte.

Andreas und die beiden Italienerinnen wollten
losgehen. Aus dem Restaurant kam die Bedienung und
schaute sich um:
„Kennt Jemand von Euch das Paar mit der Rose. Sie
haben nicht gezahlt."

Kids im Internet

Hätte man ihm noch vor zwei Jahren gesagt, was für ein Leben er einmal führen würde, Andreas hätte s nicht geglaubt. Neben den beruflichen Herausforderungen und seinen nächtlichen Erlebnissen war seine wichtigste Aufgabe das doppelte C Schritt für Schritt auf das Leben vorzubereiten.

Dazu gehörte auch der intelligente Umgang mit Computern. Er legte bei allen seinen Erziehungsmaßnahmen großen Wert darauf, dass sie auch nach neuesten pädagogischen Erkenntnissen stattfanden. So ging er mit ihnen in die neu eröffnete Buchhandlung, um sich eingehend beraten zu lassen.

"Gut, dass sie gekommen sind", sagte eine kleine hagere Frau mit Brille, so als ob sie die Drei schon erwartet hätte. "Sie suchen also sozusagen einen Ratgeber, bezüglich der Heranführung von Kindern an den Computer."

Sie führte das Trio zu einem riesigen Regal und sagte" Die ersten beiden Reihen, bis zum blauen Buch hier."

Andreas nahm das erste Buch und blätterte. Nein, das war nichts. Er nahm das nächste Buch.

Constantin tippte ihn an und hatte eine CD in der Hand, die er aus einem riesigen Haufen herausgefischt hatte. "Das hat Michael zu Weihnachten bekommen. Er ist schon auf dem dritten Level."

Auf der CD war ein Dinosaurier abgebildet, der gerade einem etwas kleineren Saurier die Zähne in den Rücken rammte. "Das ist ein Tyrannosaurus, die machen so etwas", klärte Cornelius Andreas auf. "Das ist unter Dinosauriern völlig normal und üblich." ergänzte ihn Constantin. Sie schienen beide das Spiel zu kennen.

Die ältere Dame kam angeschossen.
"Das ist überhaupt nichts für Kinder", und zu Cornelius gebückt sagte sie freundlich.
"Das legen wir brav zurück" und ging dazu über einer völlig überforderten Mutter mit zwei Kindern zu Hilfe zu eilen.

Auch das zweite Buch war irgendwie nichts, das Dritte, vierte - alles nichts.
Andreas atmete tief. Er schaute sich um. Die Verkäuferin bediente gerade die Frau mit den zwei Kindern, davon saß eins im Kinderwagen, das andere konnte schon laufen und versteckte sich mit einem schokoladenverschmierten Mund hinter einem Regal und blätterte in einem Buch.

Die CD mit den Dinosauriern hatte Andreas jetzt schon neugierig gemacht und so fischte er sie aus dem Haufen und ging schnell zur Kasse, bevor die Verkäuferin es merkte. Die Verkäuferin hatte auch nichts gemerkt denn sie war damit beschäftigt der Mutter zu erklären, dass sie für das schokoladenverschmierte Buch aufkommen müsse.

Kommunikation ist das Wichtigste im Leben, und so sollte das doppelte C als Erstes lernen, wie man am Computer eMails schreibt. Sie sollten jederzeit per eMail mit ihm kommunizieren können.

So zeigte er Ihnen, wie man eine eMail versendet. „Hier oben schreibt Ihr meine Adresse hinein. In das Feld darunter die Neuigkeiten. Und dann drückt Ihr auf Senden."

Cornelius probierte es gleich aus und Kinder lernen ungemein schnell.

Danach installierten sie aber das Spiel mit den Sauriern, das absolut null pädagogischen Wert hatte. Das war aber egal und es war lustig, wie die kleinen Saurier quietschten, wenn man sie traf. Am späten Abend hatte sich das doppelte C bis zum höchsten Level hochgearbeitet und die Dinosaurier waren ausgestorben. Dann ging es aber ins Bett.

Am nächsten Nachmittag saß Andreas im Büro und es trudelten zu seiner Überraschung die ersten eMails ein. Er wurde detailliert über das Geschehen zu Hause informiert:

-----Original Message-----
To: Andreas@Nicework.com
Subject: Hallo Papa

Hallo Papa
Wie geht es dir?
Ich hatte leider keine Zeit dein Essen zu essen, weil mir eine Flasche Kakao in meinem Schulranzen ausgelaufen ist und weil wir vor dem Zahnarzt auch nichts essen durften!
Ich trockne mein Schulranzen gerade im Bad an der Heizung.
Lass ihn da also bitte trocknen!

Das Essen esse ich heute Abend.
Wir sind spätestens um 6.00 Uhr vom Zahnarzt wieder
zurück.

Tschüüüss

Auch Cornelius hatte etwas mitzuteilen:
-----Original Message-----
To: Andreas@Nicework.com
Subject: Hallo

ÖÖÖÖÖÖÖÖÖÖÖÖÖÖÖÖÖÖÖÖÖÖÖÖÖÖÖÖÖÖÖ
ÖÖÖÖÖÖÖÖÖÖÖÖÖÖÖÖÖÖÖÖÖÖÖÖÖÖÖÖÖÖÖ
ÖÖÖÖÖÖÖÖÖÖÖÖÖÖÖÖÖÖÖÖÖÖÖÖÖÖÖÖÖÖÖ
ÖÖÖÖÖÖÖÖÖÖÖÖÖÖÖÖÖÖÖÖÖÖ

Cornelius

„Wie gut, dass ich nicht immer alles mitbekomme",
dachte er und arbeitete weiter.

Frauen um die 40

Andreas war immer noch guter Hoffnung irgendwann wieder zu zweit zu sein und beschloss öfters auszugehen.

„Am Besten eine emanzipierte Frau um die vierzig, „ überlegte er. „Emanzipation ist eine feine Sache. Die Frauen fahren zum Tanken und manche reparieren sogar ihr Auto. Es ist gut, dass er in einem freien Land wohnte, denn es ist hübsch anzusehen, dass die Frauen keine Schleier tragen. Aber dass sie manchmal mit ihrer Emanzipation derart übertreiben müssen, fand er nicht in Ordnung."

Er dachte weiter darüber nach.

„Am Besten eine Frau um die vierzig, ohne Kinder und dann genießen wir zusammen das Leben."

Er malte sich in den schönsten Farben aus, wie sie gemeinsam sein Geld ausgeben würden, am Strand sitzen, Wein trinken und alle Klischees abarbeiten, die zu einer romantischen Beziehung gehören. Er überlegte, welche Frau in seinem Bekanntenkreis eventuell in Frage kommt. Da fiel ihm Susa ein. Die süße, blonde Susa. Er hatte sie an der Uni kennen gelernt und sie war mittlerweile auch um die 40, immer nett anzusehen und erfolgreich. „Mal sehen, wie es ihr so geht", dachte er.

Er verabredete sich mit ihr zu einem Kaffee.

Schon bei der Begrüßung zeigte sie ihm, dass sie nichts von ihrer dynamischen Art eingebüßt hatte.

„Hallo Andreas, ich habe nur kurz Zeit. Nächste Woche mache ich einen Trip nach London. Meine

biologische Uhr tickt."
Andreas begriff das nicht.
„Was hat London mit der biologischen Uhr zu tun?"
Er dachte an den Big Ben, dessen Uhr auch
regelmäßig tickt. Und jetzt ging es Susa vielleicht wie
dieser großen Uhr, die da oben im Nebel vor sich
hintickt. Tag für Tag und Nacht für Nacht. Er wollte
es aber gar nicht so genau wissen, und schon beugte
sie sich zu Andreas hin und flüsterte ihm ihr
Geheimnis zu: „Ich muss mich beeilen, denn ich
möchte noch zwei Kinder, vielleicht auch drei."
Sie sagte es wie jemand, der noch schnell den Bus
erreichen muss.
Andreas sah sie an, schwieg und hörte zu, wie sie ihm
wasserfallartig ihre Lebensgeschichte vortrug.

Am Nachbartisch nahm eine hübsche blonde junge
Frau Platz, zog ihre kurze hellblaue Jacke aus, hängte
diese über die Lehne des freien Stuhls und nahm die
Speisekarte in die Hand.
„Hübsch", dachte Andreas und schaute kurz aus den
Augenwinkeln zu ihr hinüber. Susa merkte das nicht
und begann erzählte weiter,

„Weißt du, ich lebe das Leben einer emanzipierten
Frau. Ich bin sozusagen die emanzipierte Frau
schlechthin. Nach meinem Sozialpädagogikstudium
wollte ich noch kein Kind. Viel zu früh um Mutter zu
werden. Warum auch?
Andreas schlürfte Kaffee und beobachtete Susa.
„Ich habe auch vollkommen recht gehabt. Ich wurde
Teamleiterin und weißt du was. Ich habe eine
todschicke Penthauswohnung, mit drei Zimmern und

einem weißen Teppich, ... und eine süße Katze. Mohrle heißt sie.

Andreas bemerkte trocken: "Ein weißer Teppich ist auch kein Aufenthaltsort für Kinder. Eine Katze ist bereits nach kurzer Zeit stubenrein und braucht im Gegensatz zu einem Kind keinen Babysitter, wenn die Dame des Hauses zum *Shoppen* geht."

Am Nachbartisch hatte sich mittlerweile ein hübsch aussehender Ausländer ungefragt zu der Blondine dazu gesetzt und fragte sie in gebrochenem Englisch: „ju-wand-duh-määäärri?" Die Blondine sah ihn an. Er wiederholte „juh-wand-tuuu-märri-i-mih." Die Blondine schaute ihr Gegenüber leicht entsetzt an und verstand nicht, was er meinte. Andreas verstand es sofort. Seine Englischkenntnisse und seines Sprachempfinden sagten ihm sofort, dass es sich hier um einen vorsichtigen Heiratsantrag handelt, und während sich so am Nebentisch anscheinend eine Ehe anbahnte, fuhr Susa fort.

„Und weißt du was?" fragte sie ihn. „Bereits nach drei Jahren war ich Abteilungsleiterin. "Andreas konnte sich gut vorstellen, wie sie drei Jahre lang alle ihr zur Verfügung stehenden weiblichen Mittel eingesetzt hatte, um den Job zu bekommen.

„Ich muss aber auch ehrlich sein, ich hatte aber auch Glück", gestand sie Andrea sein, und erzählte ihm, dass ihr das Glück in Gestalt eines Brasilianers zu Hilfe kam. Diesen hatte ihre Kollegin im Urlaub kennen gelernt und er schenkte der Kollegin Zwillinge. Das besiegelte ihre Karriere und machte die Türen für Susa auf. Der Job gehörte ihr. Das Schicksal hatte für sie die Entscheidung getroffen.

Die Konversation am Nebentisch erhielt nun eine andere Richtung:
Die Blondine schaute den netten Ausländer fragend an und sagte höflich: „Ich verstehe nicht."
Der freundliche Mann wiederholte einiges lauter: „Juh-.gouu-tuh-glabbps?" Die Blondine zuckte verzweifelt mit den Schultern. Was war das für eine Sprache? Und nach einer kurzen Pause fuhr er fort „Daaahnzing – daaaaahnzink in glabbs." Er wollte sie heiraten, aber vorher anscheinend noch einmal in Clubs gehen, bemerkte Andreas.

Währenddessen redete Susa ungebremst auf Andreas ein.
„Dann habe ich mir auch eine zweite Katze gekauft", strahlte sie Andreas an und begann Intimes auszuplaudern.
Männer hatten in dieser Zeit bei mir sowieso keine Chance und sie hätten es erst einmal schaffen müssen, den größten Konkurrent aus dem Feld zu schlagen. Meinen kleinen Freund in der Nachtischschublade."
Dann beugte sie sich zu Andreas vor und flüsterte ihm ins Ohr: „3 Batterien und stufenlos regelbar. Dazu macht die Spitze rhythmisch kreisende Bewegungen. Das schafft kein Mann!"
Sie lehnte sie sich zurück, lies den hoch gestreckten Daumen langsam in der Luft rotieren und bekam einen leicht frivolen Gesichtsausdruck."
Andreas beobachtete wie hypnotisiert, wie sie die Funktionsweise demonstrierte."
Das hatte auch die Aufmerksamkeit des netten Manns

am Nebentisch gefunden. Er beobachtete ebenfalls den Daumen, was die Blondine ausnutzte, um aufzuspringen und mit der Jacke in der Hand fluchtartig das Café zu verlassen. Der nette Mann rief noch nach "Baibieh, wait-for-mie." Aber sie war weg.

Susa legte die Hand wieder artig auf den Tisch und fuhr fort. Ein sogenannter Paul hatte es anscheinend geschafft. Allerdings war sie wie gesagt ja gerade Abteilungsleiterin geworden. Andreas konnte sich das gut vorstellen. Abteilungsleiterinnen haben keine Kinder, sie wohnen mit zwei Katzen in Penthauswohnungen auf weißen Teppichen und allerlei gläsernen Schnickschnack in offenen Designerregalen.
„Wie gut, dass ich nicht schwanger geworden bin" fuhr sie fort sie, „Paul ist zu seiner Frau und den vier Kindern reumütig zurückgekehrt."
Nun saß sie da und plante ihren Trip nach London.

Andreas beschlich ein seltsames Gefühl. Sie war kurz vor einem unheimlichen Punkt angelangt. Der Punkt im Leben, der einem die Realität als Spiegel vorhält. Es war, wie wenn der Bus vor der Nase wegfährt und man plötzlich wahrnimmt, dass in diesem Leben kein Bus mehr fährt.

Eine neue Küche muss her

Frauen lieben Küchen. Einige der wenigen Dinge, die Frauen wirklich lieben sind Küchen. Diese Weisheit, die sich Gustavo durch genaue Beobachtung des weiblichen Geschlechts erarbeitet hatte, motivierte Andreas eine neue Küche zu kaufen.

Aber so einfach, wie er dachte, schien das nicht zu sein. Er musste als Erstes feststellen, dass es keine Küchenläden gibt, in denen man eine Küche kaufen kann. Küchen entwirft und erwirbt man in Küchencentern. Ein Prozess, der sich über mehrere Tage, diverse Hausbesuche und Abstimmungsgespräche hinzieht. Manche schaffen das nie und bleiben auf ihren alten Dingern sitzen.

Die Küchencenter sind aufgebaut wie Labyrinthe. Man irrt in Schlangenlinien zwischen mehreren hundert Küchen hindurch und wenn man Glück hat, trifft man überraschenderweise in irgendeinem Seitengang einen psychologisch geschulten Verkäufer. Andreas hatte Glück. Hinter einer roten Glanzlackküche stand einer. Er hob sich mit dem roten Anzug kaum vom gleichfarbigen Hintergrund ab, aber wenn er sich bewegte, sah man: Es ist ein Lebewesen. Es war wie damals im Zoo. Da saß ein grüner Gecko zwischen den grünen Blättern. Man sah ihn auch erst, wie er sich bewegte.

„Darf ich Ihnen weiterhelfen" trat der Verkäufer einen Schritt vor.

„Ja gerne, ich suche eine Küche. Mit Front in Vanille und einem Geschirrspüler."

„Bitte folgen Sie mir, sagte der Psychologe und sie nahmen an einem Schreibtisch Platz."

„Front in matt oder glänzend."

Andreas stutzte. Darüber hatte er sich noch keine Gedanken gemacht. „Egal sagte er."

„Vanilleocker glänzend wir sehr gerne genommen." Mit einem leichten gelben Stich" säuselte der Verkäufer und verdrehte begeistert die Augen.

„Gut. Dann bitte eine Küche in Vanilleocker, glänzend und mit einem Geschirrspüler. 3 m 60 breit. Was kostet sie und wann kann sie geliefert werden?

„Der Verkaufspsychologe schaute ihn entgeistert an. Wie vom Schlag gerührt. „ … kosten … liefern … aber." Er stotterte. „Aber wir habe ja noch gar nicht über die Küche gesprochen."

Hier schien es gravierende Kommunikationsschwierigkeiten zu geben. Nach einem kurzen Moment der Erholung lächelte der Verkäufer wieder, bückte sich und holte sieben Kataloge unter dem Schreibtisch hervor. Sie erinnerten Andreas an die Telefonbücher von Paris. Die waren auch groß, dick und schwer. Im Zirkus gab es sogar Männer die konnten die Kataloge nicht nur anheben, sondern zerreißen.

„Dann schauen wir mal."

„Hier zum Beispiel das Model Europa-Spezial. Vanilleockerfront glänzend. Passend dazu in der Grundausstattung eine schöne Induktions-Kochstelle flächenbündig in den Granit eingebaut, elegante Granit-Tropfrillen mit einer Edelstahlesse. Dazu ein entsprechender Pyrolyse-Backofen mit Dampfgarer."

Er hatte es in einem Satz heruntergesagt, ohne zu atmen, ohne Pause.

„Unglaublich", dachte Andreas und sagte: „Wie bitte? „Aber ich habe es Ihnen doch gerade alles erklärt" der rot gekleidete Verkäufer schaute beleidigt.

„Also gut, was kostet sie", sagte Andreas. „Ich nehme sie mit.

„Sechs Acht."

„Oha, das ist mir zu viel" Andreas bekam einen Schreck und musste er sich erholen. „Gibt es auch etwas Normales?"

Der Verkäufer bückte sich unter den Tisch und kam mit einem neuen, noch dickeren Katalog hervor.

„Gut, dann beginnen wir mal ganz einfach mit der Wahl der Arbeitsplatte."

Er blätterte ganz langsam und murmelte Worte, die Andreas noch nie gehörte hatte.

Jura grau, Breccia Aurora …

Andreas schaute sich um und entdeckte am Nebentisch ein junges Pärchen. Die junge Frau war völlig in Ihrem Element und blätterte aufgeregt gleichzeitig in verschiedenen Prospekten mit Schubladeneinteilungen. Der Ehegatte hielt ohne murren drei der schweren Kataloge auf den Knien.

„Oh sieh doch mal hier Schatz. Schatz, das wäre doch praktisch für die Kaffeelöffel von Tante Martha, oder schau mal hier … und dort, aber das ist glaube ich besser ... aber diese Schublageneinlage. Ist sie nicht ein Traum?"

Ihr Partner erwiderte ein „Ja" und was hätte er auch anderes sagen können, wer setzt schon eine Beziehung wegen einer Schubladeneinlage aufs Spiel.

Andreas blickte den Verkäufer Mitleid erregend an,

denn er wollte doch nur eine Küche. Eine ganz normale Küche mit einem Herd und einen Geschirrspüler.

Beim Zahnarzt

Mit gutem Rat und irgendwelchen Lebensweisheiten konnte Andreas noch nie etwas anfangen.

„Man sucht nicht, man wird gefunden", sagte Marco.

Aber irgendetwas Wahres war dran.

Jeden Morgen auf dem Weg zur Arbeit stand sie da. Andreas hatte sie erst gar nicht bemerkt. Aber als er an der Ampel stand und wartete, lächelte sie in sein Auto. Er lächelte zurück. Dann fuhr er ganz langsam, um zu sehen, in welches Haus sie ging. „Aha, das rote Haus. Sie arbeitet beim Zahnarzt."

Andreas konnte ja alles. Flirten konnte er nicht. Wie soll jemand, der nicht flirten kann, eine Frau kennen lernen?

Er saß im Büro und dachte nach. Dann nahm er das Telefonbuch und schlug auf. Ärzte, Zahnärzte, … da war er. Der im großen roten Haus. Er wählte die Nummer und eine nette Stimme fragte, was er wünsche.

„Einen Termin."

„Haben sie Schmerzen?"

„Nicht direkt."

„Dann frühestens in vierzehn Tagen",

So lange wollte Andreas nicht warten.

„Ja, eigentlich habe ich schon Schmerzen, aber ich nehme Tabletten."

Am anderen Ende der Leitung hörte er wie Papier umgeblättert wurde.

„Also. Also, dann kommen sie doch gleich morgen um neun Uhr."

Pünktlich um neun Uhr am nächsten Tag stand er vor einer großen Tür mit Milchglasscheiben, die beim Klingeln sofort aufsprang.

„Guten Morgen."

„Guten Morgen, sie wünschen?" Fragte die Dame am Empfang.

„Ich habe Schmerzen, große Schmerzen und einen Termin."

Andreas konnte durch den Türspalt des Behandlungszimmers sehen. Da stand sie. Die Angebetete.

„Ach ja, da sind sie ja. Warten sie bitte gleich draußen. Der Herr Doktor kommt gleich", fuhr die Dame fort.

Nach nicht einmal einer Minute kam der Zahnarzt heraus. Ein kleiner dicklicher Herr, mit einem viel zu langen, engen weißen Kittel. Auf der Nase trug er eine Brille, mit dicken Gläsern.

„Nehmen sie doch gleich mal Platz, wir schauen mal, was los ist."

Die Angebetete stand im Eck des Zimmers und sortierte irgendwelche Bestecke und lächelte überrascht und erfreut, als sie Andreas sah.

Andreas zwinkerte ihr zu und setzte sich auf den Behandlungsstuhl.

„Wo tut es denn weh?"

Andreas hatte sich darüber noch gar keine Gedanken gemacht.

„Oben." Andreas dachte nach. „Links oben."

„Der Zahnarzt konnte nichts sehen und klopfte auf den Zahn.

Andreas fragte sich, wie er mit den dicken verschmierten Gläsern überhaupt was sehen könnte.

Um nicht als Simulant dazustehen, sagte Andreas:
„Aua, das tut weh."

Die Angebetete schaute mitleidsvoll.

„Das ist wahrscheinlich die Wurzel, wir müssen röntgen", erklärte ihm der Arzt.

Andreas konnte gar nicht so schnell schauen, wie er auch schon im Nebenzimmer saß und Aufnahmen gemacht wurden.

Nach zehn Minuten saß er wieder auf dem Behandlungsstuhl.

Der Arzt hielt das Röntgenbild ganz nah an seine Augen, blinzelte mit zugekniffenen Augen durch die dicke Brille und bemerkte:

„Ich sehe einen Schatten."

„Schlimm?" Fragte Andreas.

„Alles nicht so schlimm. Wir machen eine Wurzelbehandlung. Sie haben Glück. Ich habe gerade Zeit. Ein Patient hat abgesagt."

Und zu der Angebeteten, die jetzt noch mitleidsvoller schaute.

Halten Sie bitte den Kopf fest.

Auf die Frage, ob das denn sofort nötig ist, erwiderte der Arzt mit einem energischen „Ja!" So etwas konnte nicht warten."

„Wollen sie eine Spritze?"

Andreas wollte vor seiner Angebeteten ja nicht als Weichling dastehen und sagte wie selbstverständlich:

„Nein, ich bin ein Mann."

Er schaute ins helle Licht. Das Gesicht seiner Angebeteten war unmittelbar über ihm. Wie ein Engel sah sie aus. So zarte hübsche Gesichtszüge. Diese blauen Augen. Dass er ihr so schnell so nah sein konnte.

Sie hielt seinen Kopf. Er schaute tief in ihre Augen und war einen kurzen Moment glücklich.

Der Arzt schob sein Gesicht zwischen Andreas und seine Angebetete und begann zu bohren. Der Bohrer drehte sich und drehte sich völlig unromantisch, bis er die Wurzel erreicht hatte.

Es tat höllisch weh.

Der Arzt schaute zufrieden.

„Das pinseln wir jetzt ein, machen dann das Loch provisorisch zu und dann kommen sie morgen wieder. Die Wurzel muss sich erholen."

„Ich mich auch", sagte Andreas und hielt sich die Backe. Es schmerzte.

Der Tag war gelaufen.

Am nächsten Morgen saß er wieder auf dem Stuhl.

Die Angebetete lächelte ihn an und fragte: „Haben sie noch große Schmerzen?"

„Nein erwiderte Andreas und es wäre ihm lieber gewesen, wenn sie ihn geduzt hätte.

Sie hielt wieder den Kopf und der Arzt bohrte.

„Das sieht nicht gut aus!" Der Arzt schob sein Gesicht zwischen das von Andreas und der Angebeteten und schaute mit seinen beschlagenen Gläsern in den weit geöffneten Mund.

Das wird eine längere Angelegenheit. Wir müssen noch mal eine provisorische Füllung machen und dann kommen sie nächste Woche Montag wieder.

Er bohrte noch einmal. Andreas stöhnte und die provisorische Füllung wurde eingesetzt.

Das Wochenende blieb Andreas zu Hause. Jetzt nahm er wirklich Tabletten und wartete sehnsüchtig auf Montag. Er wusste dabei nicht genau, ob er darauf wartete, die Angebetene wieder zu sehen, oder dass die Schmerzen nachließen.

Montag um neun wiederholte sich die ganze Prozedur. Die Angebetete hielt seinen Kopf, der Arzt bohrte, und schaute mit seinen beschlagenen Gläsern in den weit geöffneten Mund.

„Junger Mann", sagte er.

„Ja?"

„Ich habe ja versucht den Zahn zu retten, aber es sieht sehr schlecht aus." Der Arzt schüttelte mit dem Kopf.

Andreas richtete sich auf und wurde ärgerlich.

„Machen sie bitte sofort das Loch zu. Ich möchte alles so haben wie vorher."

Die Angebetete zuckte zusammen und der Arzt versuchte ihn zu besänftigen: „Aber beruhigen sie sich doch."

Das half aber nichts.

Andreas sprang auf, riss sich den kleinen weißen Umhang ab und stürzte mit dem großen ausgebohrten Loch aus dem Behandlungszimmer.

Er lief die Straße runter, hielt sich die Backe und schaute nach links und rechts. Irgendwo praktizierte sein alter Zahnarzt. Er sah das Schild. Er nahm zwei Stufen auf einmal, stürzte in die Praxis und rief der dortigen Empfangsdame zu:

„Sie müssen mir helfen. Ich habe ein Loch im Zahn."

Neben ihm stand ein kleiner Junge und schaute zu ihm auf.

„Da musst du Zähne putzen. Dann passiert das nicht."

Eine halbe Stunde später war Andreas bereits wieder
auf dem Nachhauseweg. Das Loch war zu.
Am nächsten Morgen stand er wieder an der Ampel.
Die Angebetene lächelte nicht mehr. Er hatte es sich
mit ihr anscheinend gründlich verdorben.

Der Schuh qualmt

Der Winter war vorbei und das Frühjahr begann. Andreas freute sich schon seit Wochen auf das Osterfeuer. Marco hatte ihn eingeladen und nun standen sie schon seit mehreren Stunden auf dem alten Sportplatz, sahen ins Feuer und wärmten sich auf. Sie hatten auch Gesellschaft bekommen.

Neben ihnen hatte sich eine Frau um die vierzig eingefunden. Offensichtlich auf der Suche nach einem Mann. Er kannte sie nicht, aber das hinderte sie nicht daran, ihm Wichtiges mitzuteilen.

Sie redete und wollte auch gar nicht mehr aufhören zu reden.

„Ich drehe meine Zigaretten schon immer selber" erklärte sie Andreas.

„Der helle Tabak ist wesentlich besser, aber ich habe heute nur Dunklen bekommen, aber das macht nichts. Ich verwende Maisblättchen und das schmeckt dann ok."

Sie drehte den Kopf zur Seite und hustete in die Nacht, und fuhr weiter.

„In der Schule damals rauchten wir immer ... alle."

Andreas interessierte das überhaupt nicht. „Prost Marco", prostete er seinem Freund zu.

Dieser stellte seinen prall mit Bierflaschen gefüllten Rucksack auf den Boden.

Andreas war von dem Worteschwall schon ganz duselig im Kopf, und hangelte noch ein Bier raus.

„Auch eins?" Fragte er die Unbekannte.

Die Unbekannte redete unentwegt weiter, nahm ihm

das Bier aus der Hand und setzte dann die Flasche an. „Oho, das tut gut.

Dann schwankte sie leicht in seine Richtung und kam mit ihrem Gesicht Andreas bedrohlich nahe.

„Rauchen, konserviert", dachte Andreas, mit einem Blick in ihr Gesicht. Die Haut wird offensichtlich robust und langlebig. Sein Freund Tommy hat einen Räucherofen und die Makrelen und Aale waren nach dem Räuchern wochenlang haltbar. Wie Leder.

Mittlerweile hatte sich ihre kleine dicke Freundin hinzugesellt. Sie ging den beiden Männern gerade bis zur Brust, und ließ ihren Blick gierig an ihnen hoch und runtergleiten. Sie hatte kräftig einen sitzen. Marco zupfte Andreas am Ärmel, um ihn aus der Gefahrenzone herauszubekommen. Sie gingen einen Schritt näher ans Feuer.

Die Frauen folgten ihnen auf dem Fuß. Dem Rucksack wurden die nächsten Biere entnommen und die Raucherin führte ihren Monolog weiter.

„Also, also, das ist ja so; ich meine, dass man, ... also was ich meine ist. ... oh, da kommt Hilde", unterbrach sie sich selber einen Moment, und es näherte sich eine zusätzliche Bedrohung von hinten.

Andreas hatte nun auch einen sitzen und schwankte immer mehr hin und her. Er wollte ja nur das Osterfeuer genießen. Nun stand er hier und der Fluchtweg war auf allen Seiten versperrt. Die Dicke hakte sich bereits rechts ein, während die Raucherin ihn links am Ärmel hielt. Hinter ihm die Dritte im Bunde und vor ihm das Feuer. So hielt er sich noch ungefähr eine Minute, bis Marco zurückkam.

„Riechst du das nicht", fragte er Andreas. Hier riecht

es ganz komisch." Er rümpfte die Nase. „Irgendwie nach Gummi."

Sie schauten nach unten.

Andreas stand bereits auf der glühenden Asche. Die Schuhsohle kokelte langsam vor sich hin, während ihn die drei Frauen ohne Unterbrechung beschwatzten und dabei langsam und Millimeter für Millimeter in Richtung Feuer drängen.

Andreas riss sich los. Im Schuh wurde es immer heißer.

In letzter Sekunde zog er den Schuh aus und strampelte ihn vom Fuß. Marco löschte ihn mit seinem Bier.

„Den Schuh kannst du vergessen. Lasse uns schnell abhauen."

Andreas zog auch noch den anderen Schuh aus und schmiss ihn in hohem Bogen ins Feuer.

Marco nahm den Rucksack und rannte los. Andreas humpelte hinterher.

Sie waren den Flammen entkommen. Nach zwanzig Metern drehten sie sich in sicherer Entfernung noch einmal um.

Das Frauentrio wankte synchron hin und her. Gespenstisch standen sie da, im Feuerschein.

Reeperbahn

Er erinnerte sich noch ganz schwach an früher, als er noch als Ehemann abends brav zu Hause saß und ein Tag wie der andere verlief. Das doppelte C schlummerte damals in den Kinderbettchen und Isabell las ein Buch.

Die Erfahrungen die seitdem gewonnen hatte reichten ihm. Er keine Lust mehr auf noch mehr Abenteuern. So beschloss er wieder richtig zu leben und nur noch zu machen, was ihm Spaß macht. Und wo kann man besser leben wie in der Großstadt? Der Gedanke kreiste schon länger in seinem Kopf. Es muss eine Stadtwohnung her. Das musste er verwirklichen. Und was er sich in den Kopf setzte, machte er auch. Er bezog er eine Stadtwohnung. In Hamburg. In der Nähe vom Hafen.

Das Leben pulsierte um ihn herum und es störte ihn auch nicht, wenn die Leute, denen er einen schönen Tag wünschte, nicht zurückgrüßten. „Städter halt", dachte er, „so wie ich."
Auf dem Dorf musste jeder jeden grüßen. Es wurde sogar genau beobachtet, wer wen grüßte. Aber hier war es vollkommen egal.
Was für eine Befreiung.
„Heute ziehe ich alleine los", beschloss er.
Er kaufte sich eine Stadtzeitung und studierte sie minutiös.
Frühstück ab 14:00, bot eine Hafenkneipe.

„Das ist doch was für mich" strahlte Andreas in sich hinein.

„Für einen Menschen wie mich, der die Nacht zum Tage machen kann."

Frühstück ab 14:00. Das war Nichts für Spießer, die sich im Morgennebel durch den dichten Verkehr zur Arbeit zwängen."

Das war etwas für Freigeister, die vormittags geruhsam ausschlafen, um Kraft zu sammeln, und dann gegen Mittag die Gesellschaft mit unbändigen Kreativitätsschüben vorantreiben. Solche Menschen frühstücken nie vor 14:00. Andreas beschloss sich diesen Menschen am Wochenende anzuschließen, nie mehr vor 14:00 zu frühstücken und suchte die Kneipe auf.

Er schob den dicken roten Vorhang am Eingang zur Seite. Dicker Qualm hatte sich über die Tische gelegt, an den Tischen saßen qualmend die Denker und Intellektuellen. Sie stocherten in etwas herum, was wie Rühreier aussah und genehmigen sich ein Bier. Wohl nicht das Erste heute, wie es so aussah. Zwischen den Tischen tanzten zwei Frauen zu La Paloma.

Andreas hustete und setze sich an die Bar. Seine Augen brannten und mussten sich langsam an das schummrige Licht gewöhnen.

Der Wirt watschelte an. Sein Fischerhemd reichte fast bis zum Knie und er hatte eine alte Kapitänsmütze auf.

„Einmal Continental Breakfast mit Cylon Tee", bestellte Andreas.

Der kleine dicke Wirt schaute ihn milde an „Wat denn nu los? Da, trink erst mal was mein Jung. Frühstück ist alle."

Er stellte ihm ein Bier hin.

„Haben sie nicht eine Kleinigkeit?"

Verständnisvoll schob er Andrea eine Schale mit Erdnüssen hin.

Andreas knabberte die Nüsse und betrachtete die uralten Postkarten, die über dem Spiegel über der Bar angebracht waren. In einer langen Reihe waren sie mit Reiszecken an der Holzwand befestigt und zeigten Schiffe und ferne Länder. Die Musik aus der Musikbox passte zu den Karten.

Andreas zuckte plötzlich zusammen. Von hinten legte sich plötzlich ein Arm um seine Schultern. „Na, Süßer" erklang hinter ihm eine Stimme. „Schon mal eine richtige Frau im Arm gehabt?

Andreas drehte sich um, und zuckte zusammen.

In seinem Bekanntenkreis gab es keine Frauen, die schon nachmittags mit einer Flasche Bier in der Hand, in der Kneipe stehen und fremde Männer ansprechen. Hier war eine.

„Prost", strahlte sie ihn an und ihr Blick fuhr an ihm herunter, verweilte eine Sekunde auf seinen biederen Schuhen, dann auf ihren Cowboystiefeln, und glitt dann wieder hoch.

„Ich bin Sweetcherry."

„Der Name passt wohl überhaupt nicht", dachte er und prostete zurück.

Ein neues Lied krächzte aus der Musikbox.

Während Sweetcherry Andreas Bekanntschaft suchte, hatte der Wirt einen Euro in die Musikbox geworfen.

„Meine Güte, was für ein Ort", dachte Andreas und trank die Flasche mit einem Zug aus, um zu gehen. Er stellte sie ab und was sah er. Da stand schon die nächste Flasche. Mit einem Korn.

„Auf Kosten des Hauses", brummte der Wirt.

„Hoppla", dachte Andreas. „Das ist ja ein Service. Und ein Bierchen geht ja immer." Der Korn sah gut aus und wurde runtergespült. Und gleich zwei große Schlücke aus der Flasche hinterher.

Sweetcherry klammerte sich mittlerweile an den Wirt und nötigte ihn zu einer Tanzeinlage. Leicht angedudelt schwankten sie im Takt hin und her.

Aus dem Lautsprecher krächzte es: „ ... *Ick heff mol en Hamborger Veermaster sehn.*"

Andreas frühstückte sein zweites Bier und summte leise mit. Das Lied kannte er noch aus der Schule.

Das Paar schwankte eng umklammert und die Sweetcherry sang lauthals den Refrain mit: "*Blow boys blow for Californio there is plenty of gold so I've been told on the banks of Sacramento.*"

Das gefiel Andreas. Musik mochte er schon immer. Er beobachtete das ungleiche Paar und hatte anscheinend seit Langem wieder mal lustige Leute um sich.

Der Wirt trennte sich von seiner klammernden Sängerin, wackelte zum, Tresen, läutete eine kleine Schiffglocke und rief „Lokalrunde. Lokalrunde. Alle 'nen Korn."

Noch einen Korn auf Kosten des Hauses ließ sich Andreas gerne gefallen, trank ihn mit einem Zug, und sang nun leise mit: "*Round Cape Horn one frosty morning. And our sails were full of snow ... ...to my hoddah, hoodah ho!*"

Es wurde still. Nun war anscheinend Andreas dran. Sweetcherry schaute auf Andreas und machte mit dem

Kopf eine Bewegung in Richtung der Musikbox.

Sweetcherry zog ihn zur Box, Andreas steckte einen Euro in die Box, drückte mehrere Knöpfe, und alle warteten gespannt. Spannung lag in der Luft, dann krächzte die Box wieder los:

„Fuffzehn Mann auf des toten Manns Kiste, Ho ho ho und 'ne Buddel mit Rum!"

Alle strahlten. Das Lied traf voll ins Schwarze.

„Der Junge hat Geschmack", rief der Wirt.

Die intellektuellen Raucher, die bislang still in der Ecke gesessen hatten, zeigten sich nun auch begeistert.

.Schnaps und Teufel brachten alle um!" Klang der Refrain aus ihrer Ecke.

Im schummrigen Halbdunkel hoben sie ihre Gläser und grölten mit.

„Komm rüber" riefen sie Andreas zu.

Das ließ sich dieser nicht zweimal sagen, bestellte sechs Doppelkorn und balancierte das Tablett zum Tisch. Sweetcherry im Schlepptau.

Aus der Musikbox klang nun: „Schön ist die Liebe im Hafen."

Sweetcherry kletterte auf dem Tisch, drehte sich mit weit ausgestreckten Armen und verlor das Gleichgewicht.

Sie fiel Andreas in die Arme und lallte: „Mir ist ganz komisch."

„Mir auch", sagte Andreas, „ich glaube, ich muss mal an die frische Luft. Es ist ja schon spät."

Er schob den roten schweren Vorhang an der Eingangstür beiseite. Er staunte. Es war gar nicht spät und immer noch hell. Es schaute auf die Uhr. Viertel nach fünf am Nachmittag. Mit kleinen Schritten torkelte er nach Hause und sang leise vor sich hin.

„Blow boys blow for Californio there is plenty of Gold. ... to my hoddah, hoodah ho!"
Ein älterer Mann, der mit seinem Hund auf einer Wolldecke saß, grüßte ihn.

Andreas öffnete die Haustür, stolperte die Treppe hoch und ließ sich so wie er war ins Bett fallen. „Es gibt ja doch noch freundliche Leute, die einen grüßen", dachte er und schlief ein.

Dating macht irre

Andreas saß vor seinem PC.

„Das Leben kann ganz schön anstrengend sein", dachte er. „Ich mache eine Pause, mir langt es gehörig."

Für ihn kam nur noch eine virtuelle Bekanntschaft in Frage. Eine die man bei Bedarf durch Knopfdruck wegklicken oder noch besser ausschalten kann. Keine Frau, der man hinterherfährt, sie irgendwo sucht oder sich stundenlang irgendwelche Geschichten anhören muss.Seinen Bedürfnissen am nächsten, kam somit nur noch eine eMail Freundschaft.

Seine letzte Brieffreundschaft war Claire aus Manchester gewesen, aber da war er zwölf Jahre alt und wusste noch nicht, was Frauen sind.

Nun schrieb er sich mit Sternchenxx. Sie kam aus Hamburg. Im gleichen Stadtteil, aber getroffen hatten sie sich nicht. Das war auch nicht nötig. Er wusste genug von ihr. Sternchen sah auf ihrem Foto nett aus und hatte eine weiße Bluse.

Es entwickelte sich ein reger eMail Verkehr und sie schrieben sich, was im Leben so alles vorfällt.

Von: sternchenxx
An: Flotterpeter1969
Re: Hallo

Hallo Andreas!
Ich habe in der Praxis Stress pur.

Mein Chef dreht total durch.
Er möchte, dass ich jetzt abends bis 20 Uhr arbeite.
Besteht auf eine 40-Std.-Woche. Ein Idiot muss jetzt aufpassen, dass ich nicht irre werde.
Habe morgen ein Date mit einem Psychologen. Der hat mich hier angeschrieben.
Grüßchen,
Sternchen

Von: Flotterpeter1969
an: sternchenxx
Re: Hallo 1

Hi Sternchen,
nehme das nicht zu Ernst. Dein Chef hat wahrscheinlich Stress.
Viel Spaß mit dem Psychologen.
Lieber Gruß, Andreas

Von: sternchenxx
An: Flotterpeter1969
Re: Hallo 2

... mein Chef dreht total durch!!!
Bin völlig fertig, ruf dich vielleicht mal am WOE an.
Muss erst mal ruhiger werden.
Der Typ aus Hamburg schickt ständig SMS. Der soll mich doch endlich in Ruhe lassen.
Liebe Grüße
Sternchen

Von: Flotterpeter1969
An: sternchenxx
Re: Hallo 3

Immer ruhig bleiben!
Nur keinen Stress machen.
Nehme ein schönes Schaumbad.
Und entspann dich.
Glaube mir. Das legt sich alles wieder.
Lieber Gruß, Andreas

Von: sternchenxx
an: Flotterpeter1969
Re: Hallo 4

... das legt sich alles überhaupt nicht mehr!!!
Heute ist unsere Auszubildende in Ohnmacht gefallen.
Der ganze Stress macht auch sie schon fertig. Ich
werde mich jetzt bewerben ... bin nur durch die Praxis
so Irre. :-)
Liebe Grüße
Sternchen

Von: Flotterpeter1969
an: sternchenxx
Re: Hallo 5

Die arme Kollegin.
Ich werde sie auch in meinem Buch erwähnen. Ihr
müsst Euch unbedingt Riechsalz besorgen.
Lieber Gruß, Andreas

Von: sternchenxx
An: Flotterpeter1969
Re: Hallo 6

Was ist das für ein Buch das du gerade schreibst??
Werde ganz Irre z.,zt!!
Der Bremer hat sich bei mir per SMS auch wieder
gemeldet!! Idiot, oder?? Will das ich ihn auf Sylt
treffe, er eröffnet dort ein Geschäft. Wer versteht
schon die Männer ...
Viele liebe Grüße
Sternchen

Von: Flotterpeter1969
an: sternchenxx
Re: Hallo 7

Es ist ein Buch über das Leben.
Lieber Gruß
Andreas

Von: sternchenxx
An: Flotterpeter1969
Re: Hallo 8

..... sehr gut!
Wann ist dein Buch fertig???
Ich bin echt k.o., muss Bewerbungen schreiben und
merke schon wieder echt eine Unruhe ...... ist es nicht
alles scheiße?
Womit hat man das verdient. Dabei dachte ich, ich

brauche nur einen Mann zu suchen ... jetzt suche ich
schon Mann und Job!! Bin gespannt, was noch alles
kommt!!!

Grüßchen,
sternchen

Andreas schaltete den PC ab, lehnte sich zurück und
dachte nur noch: "Dating macht irre."

Aus dem Wohnzimmer kamen zwei Stimmen.
„Ich brauche für morgen ein kariertes Heft. DinA 5
mit Rand und blauen Umschlag."
„Und schreibe eine Entschuldigung. Ich gehe morgen
nicht zur Schule."